DAS BUCH DER

SUPERFOOD
SMOOTHIES

DAS BUCH DER

SUPERFOOD SMOOTHIES

MIT **100** REZEPTEN FÜR LECKERE POWERDRINKS

JULIE MORRIS

Mit einem Vorwort von Brendan Brazier

Deutsche Übersetzung Laura Scheriau / Dr. Juliane Molitor

KÖNIGSFURT–URANIA

Die in diesem Buch enthaltenen Informationen und Ratschläge wurden von der Autorin sorgfältig recherchiert und geprüft. Eine Garantie kann dennoch nicht übernommen werden. Die Informationen und Ratschläge sind außerdem nicht dazu gedacht, die Beratung durch einen Arzt oder Therapeuten zu ersetzen, sofern dies angezeigt ist. Eine Haftung der Autorin oder des Verlags ist ausgeschlossen.

Bibliographische Information der Deutschen Nationalbibliothek
Die Deutsche Nationalbibliothek verzeichnet diese Publikation in der Deutschen Nationalbibliographie; detaillierte bibliographische Daten sind im Internet über http://dnb.d-nb.de abrufbar.

Deutsche Erstausgabe
3. Auflage
Krummwisch bei Kiel 2015

© 2014 für die deutschsprachige Ausgabe
by Königsfurt-Urania Verlag GmbH
D-24796 Krummwisch
www.koenigsfurt-urania.com

Titel der amerikanischen Originalausgabe:
Superfood Smoothies. 100 Delicious, Energizing and Nutrient-Dense Recipes.
© 2013 by Julie Morris, www.juliemorris.net
Photography © 2013 by Julie Morris
Erschienen 2013 bei Sterling Publishing Co., Inc., New York City / USA,
www.sterlingpublishing.com

Umschlagdesign: Julie Morris und Sterling Publishing.
Fotos: © Julie Morris, mit Ausnahme der Fotos auf den S. 29: © Sea Wave, S. 54: © Christian Jung, S. 205: © Stephanie Frey, S. 222: © Alis Photo, S. 223: © vladimirfloyd, S. 224: © styleuneed – alle Fotolia.com
Übersetzung aus dem Amerikanischen: Laura Scheriau und Dr. Juliane Molitor
Project Management: Conny Eisfeld
Lektorat: Redaktionsbüro Carlson Reinhard
Korrektur: Marianne Glaßer
Satz und Layout: Antje Betken, Oldenbüttel
Druck und Bindung: Finidr s.r.o.
Printed in EU 2015

ISBN 978-3-86826-130-1

INHALT

Ich erinnere mich noch gut an jenen Tag. In der siebten Runde eines 5000-Meter-Laufs war ich physisch leer. 12,5 Runden immerhin waren zurückzulegen. Das Hauptfeld der Läufer zog davon, und ich blieb zurück. Dies war definitiv nicht das Leichtathletik-Debüt an der High School, das ich mir erhofft hatte. Irgendetwas funktionierte nicht.

Während meines Trainings hatte ich fest auf meinen vegetarischen Ernährungsplan vertraut, den ich selbst erfunden hatte und an den ich mich neuerdings hielt. Nachdem ich eine breite Palette so genannter Performance-Diäten (alles dabei – von Kohlenhydrate-Schub bei wenig Eiweiß, über Eiweiß-Schub bei wenig Fett bis Kohlenhydrate-Schub bei wenig Fett) durchprobiert hatte, beschloss ich, einen schlichteren, ursprünglicheren Weg einzuschlagen. Ich strich alle tierischen Produkte aus meinen Mahlzeiten – etwas, das ich schon seit Jahren gern einmal ausprobiert hätte. Am Ende hatte ich mir selbst eingeredet, dass ich mir auf diese Weise einen Wettbewerbsvorteil verschaffen würde, aber offensichtlich war es genau andersherum. Doch warum nur? Warum hatte die Umstellung auf rein pflanzliche Ernährung zu einem solchen Energiedefizit geführt?

Wie ich später herausfand, lag es daran, dass ich mich zum „Stärke-tarier" entwickelt hatte und eben nicht zum Vegetarier. Ich stopfte mich mit „leeren" Kalorien voll, indem ich mich fast ausschließlich von stärkehaltigen Fertigprodukten ernährte – Weißbrot, Nudeln, Backwaren – und fast kein Gemüse, kaum Eiweißhaltiges zu mir nahm – kaum etwas, das reich an essentiellen Fettsäuren war, und nur eine minimale Menge Obst. Auf diese Weise bekam ich zwar ausreichend Kalorien und wurde bei den Mahlzeiten auch satt, aber ich erhielt nicht genügend Nährstoffe. Wie ich erfahren musste, ist Essen nicht gleichbedeutend mit Ernährung. Mir wurde in der Tat klar, dass ein verbreitetes Problem in unserer Gesellschaft darin liegt, dass wir zwar immer größere Portionen konsumieren, dabei aber nicht ausreichend Nährstoffe aufnehmen. Überfüttert und zugleich unterernährt zu sein, klang vor dreißig Jahren vielleicht noch paradox, ist es mittlerweile aber nicht mehr. Dank der vielen Fertigprodukte, die bei uns in Nordamerika den Großteil der Nahrungsversorgung ausmachen, wurde dieser Zustand zur neuen Normalität.

Ich kam zu der Erkenntnis, dass es schlicht und einfach Energieverschwendung ist, eine Menge industriell bearbeiteter Lebensmittel zu verdauen, damit aber nur wenig oder gar keinen Nährwert zu erhalten. Sie wissen ja: Wenn Sie etwas verbrauchen, dann haben Sie es nicht mehr. Und genau das war mein Problem auf der Rennstrecke gewesen – zu viel verbrauchte Energie. Was also war die Lösung? Was außer der Einnahme von Nahrungsergänzungs-Kapseln – ein Lösungsansatz aus der Retorte, im wörtlichen Sinn – bot die einfachste Möglichkeit, an die Nährstoffe zu kommen, von denen meine Leistung abhing?

Aus einer Laune heraus packte ich die nährstoffreichsten pflanzlichen Bio-Nahrungsmittel, die ich nur finden konnte, zusammen, schüttete Wasser darüber und verarbeitete sie im Mixer. Wie Sie sich vorstellen können, schmeckte das Resultat nicht besonders. Dennoch trank ich das Gebräu jeden Tag nach meinem Training. Es funktionierte. Innerhalb weniger Wochen fühlte ich mich wieder ganz normal. Wiederum ein paar Wochen später fühlte ich mich deutlich besser als normal, was sich in meiner steigenden Leistungskurve spiegelte. Ich konnte mehr trainieren, und das Training schlug sich schneller in besseren Ergebnissen nieder. Mein Mixer-Experiment hatte mich überzeugt: Die richtige Ernährung konnte mir helfen, meine Triathlons vom Hobby zum Beruf zu machen.

Die Rezeptur für mein tägliches Mixgetränk entwickelte sich im Laufe der Jahre und verwandelte sich schließlich in eine kommerzielle Version namens Vega One. Mit der nahrhaften Hilfe meines täglichen Smoothie ging meine sportliche Karriere rasant voran – vom Marathonlauf in 2 Stunden, 29 Minuten bis zu meinen ersten Plätzen in zwei kanadischen National-Ultramarathons über 50 km. Dass mir – zumindest ein Jahr lang – der zweitschnellste Lauf der Welt attestiert wurde, nachdem ich meinen zweiten Ultramarathon gewonnen hatte, und dass ich anschließend meine Karriere als professioneller Ironman-Triathlet aufnahm, bestätigte mein Vertrauen in dieses Ernährungs- und Trainingsprogramm.

Wie bei vielen anderen sind auch meine angeborenen athletischen Fähigkeiten eher durchschnittlich, doch bei meinen Versuchen, die körperliche Leistungsfähigkeit zu steigern, stieß ich auf verschiedene innovative Trainingstechniken, die überaus hilfreich waren und sind.

Den größten Einfluss hat jedoch die Ernährung. Und hier kommen die *Superfood-Smoothies* ins Spiel. Julie verarbeitet nicht nur die nährstoffreichsten Zutaten – Superfoods – in ihren Smoothies, sie sorgt auch noch dafür, dass sie gut schmecken. So richtig gut. Als Küchenchefin für Naturkost setzt Julie ihr ganzes kulinarisches Talent ein, um sicherzustellen, dass Nutzen und Genuss sich verbinden. Nehmen Sie beispielsweise den Cremige-Orange-Smoothie (meinen persönlichen Favoriten – siehe Seite 146): Er ist voll mit gesundheitlichen Highlights wie essentiellen Fetten, Vitamin E und entzündungshemmenden Wirkstoffen und schmeckt doch wie eine verboten dekadente Eiscreme.

Julies Rezepte nachzumixen eröffnet die ebenso ganzheitliche wie köstliche Möglichkeit, das eigene Potenzial ganz auszuschöpfen, ob nun im athletischen oder einem ganz anderen Sinne. Hätte es so etwas schon gegeben, als ich noch in der High School war, wäre ich von Anfang an auf der richtigen Spur gewesen.

Brendan Brazier

EINLEITUNG

Die Geschichte beginnt in jenem Sommer, als Trinkhalme eine völlig neue Bedeutung für mich bekamen.

Es war ein typischer Juli für Los Angeles: heiß und gemein, eine stechende Sonne tauchte die ganze Stadt in orangefarbene Glut. Ich war damals eine schlaksige 14-Jährige mit der unseligen Vorliebe für schlecht sitzende, weite Hemden, und meine Pläne für die Sommerferien waren noch unklar. Ich nahm mir vor, einfach abzuhängen und mir die Zeit zu vertreiben – die höchste Form von Luxus in ahnungslosen Teenagerjahren. In der schwülen Hitze, die sich gern dick übers San Fernando Valley legt, verbrachten wir die langen Tage mit Schwimmen, bis meine Finger schrumpelig wie Rosinen waren. Immer wieder – oh, so viele Male! – zog es mich zum Einkaufszentrum, wo ich die schmerzliche Lektion lernte, dass Mädchen mit Naturlocken sich nie selbst den Pony schneiden sollten … und wo ich zum ersten Mal auf Smoothies stieß.

Eine neue Kette von Smoothie-Läden war gerade dabei, sich zu etablieren, und obwohl die Stadt längst überschwemmt war mit Lokalen, in denen man schnell mal was trinken konnte – diese neue Geschäftsidee mit Mixer erregte lokale Begeisterung. Rückblickend sehe ich es als Wink des Schicksals, dass diese Kette (mittlerweile ziemlich berühmt, mit tausenden Lokalen im ganzen Land) eines ihrer ersten Geschäfte ganz in der Nähe unseres Hauses eröffnete. Die gebotene Vielfalt war überwältigend, und wie oft ich dort auch aufkreuzte, ich konnte mich kaum entscheiden, was ich bestellen sollte. Ich legte also den Kopf in den Nacken, schielte auf die kilometerlange Liste fruchtiger, frostiger, cremiger, geschlagener, magischer Mischungen und war zugleich furchtbar verlegen, abgelenkt von meiner Teenager-Schwärmerei für die Smoothie-Jungs hinter dem Tresen. Ich sage „Jungs“, weil ich für sie alle schwärmte. Es schien nicht fair, mich nicht nur zwischen Erdbeere, Apfel, Mango, Banane oder einem Zitrus-Mix, der wie der Inbegriff von „wunderbar“ schmeckte, entscheiden zu müssen … sondern auch noch zwischen dem unfassbar braungebrannten Surfer, dem mit dem Nasenring, der irgendwie künstlermäßig aussah, und dem Jungen, der sein oranges Basecap immer verkehrt herum trug und der die blauesten Augen von allen hatte. Bewaffnet nur mit gespieltem Selbstbewusstsein, gepeinigt von heftigem Erröten und mit den zerknüllten Geldscheinen meiner Eltern (die ich verzweifelt angefleht hatte, doch im Auto zu bleiben) in der Hand, gab ich unbeholfen meine Bestellung auf: „Also, ich weiß nicht so genau, vielleicht den Cremigen mit Erdnussbutter? Ich hab' vergessen, wie er heißt.“ Das war der Smoothie, der wie das Eiskonfekt schmeckte, das ich nur im Haus einer Freundin mit

„coolen" Eltern bekam (die Verständnis dafür hatten, dass Junkfood für die Entwicklung von Teenagern enorm wichtig ist). „Gesund" war ein Begriff, der in meinem damaligen Wortschatz nicht vorkam, und Smoothies waren ein Erlebnis, das ausschließlich auf Genuss abzielte. Den großen, schweren, mit Smoothie gefüllten Styropor-Behälter (sorry, Umwelt, ich wusste es nicht besser!) zu umklammern – samt Trinkhalm, dessen Papierhülle oben noch nicht angerissen war –, erzeugte ein tiefes Glücksgefühl, wie es sonst nur anderen, elementaren Lebensereignissen vorbehalten ist. Den Rest des Nachmittags schlürfte ich dann so vor mich hin, ganz verloren in einer frostigen Seligkeit, die mich die Jungs für eine Weile vergessen ließ. Und beim gefürchteten letzten Schluck, wenn der Trinkhalm mit einem hässlichen Geräusch nur Luft und Schaum ansog, überlegte ich schon, welchen Smoothie ich mir beim nächsten Mal aussuchen würde.

Und ich war nicht die einzige. In jenem Sommer waren Smoothies etwas, wovon man Freunde überzeugte. Nahtlos ersetzten sie unser früheres Familienritual, gemeinsam Frozen Yoghurt essen zu gehen. Manchmal hatten meine Mutter, mein Vater und ich sogar Smoothies zum Abendessen, und mein Vater sprach davon, in den Norden zu ziehen, um dort seinen eigenen Smoothie-Laden aufzumachen.

Als ich dann zum ersten Mal etwas über die gesundheitlichen Vorzüge der Smoothies las, war ich, wie Sie sich vorstellen können, der Meinung, darüber wüsste ich längst alles seit meinen Sommern als Valley Girl. Hatte ich nicht geradezu gebadet in riesigen Fernfahrer-Portionen von Mixgetränken? Schnell aber lernte ich, dass diese Drinks von früher zwar rein technisch der Definition eines Smoothies entsprochen hatten, dabei aber weit davon entfernt gewesen waren, irgendwie gesundheitsfördernd zu wirken. Ich verstand allmählich, dass die Smoothies, die ich damals gekauft hatte, zwar eine Stufe über Frozen Yogurt (oder anderen, noch schlimmeren Süßspeisen) standen, aber ebenfalls voller Sirup und dicken Obstsäften (mit ein „paar" Fruchtstückchen darin) waren – und alles in allem eine Riesenmenge Zucker enthielten. So viele leere Kalorien, welch eine verpasste Gelegenheit! Als ich mich als Küchenchefin auf Superfoods spezialisierte, erkannte ich, dass man bei Smoothies nicht nur ganz leicht auf all die nichtsnutzigen Komponenten verzichten konnte – und zwar ohne jeden Verlust an Geschmack –, sondern dass sich diese Mixturen auch erstaunlich nährstoffreich gestalten lassen. Die gleichen unglaublichen Superfood-Zutaten, die ich so leidenschaftlich in meinen anderen Rezepten einsetzte, bettelten nun förmlich darum, in den Mixer geworfen zu werden und ihr Potenzial in einem Smoothie zur Wirkung zu bringen. Und es war alles … SO. UNGLAUBLICH. EINFACH.

Als ich diese verbesserten Smoothie-Rezepturen meinen Freunden, Familienmitgliedern und Klienten vorstellte, waren die Reaktionen einhellig: „Das könnte ich jeden Tag trinken." Ich muss wohl nicht betonen, dass ich dieses Gefühl sehr gut kenne. Superfood-Smoothies bringen uns in unsere Kraft. Wenn es jemals einen leichten Weg gab, sich um die Gesundheit zu kümmern, dann ist es dieser. Die wunderbar frischen Zutaten, die in den Mixer wandern, und die Freude mit dieser Fülle an Genuss und Lebensqualität, die bald schon Teil von Ihnen sein werden, sind belebend und beflügelnd.

Verkneifen Sie sich ein allzu selbstgefälliges Lächeln, wenn Sie, in nicht einmal einer Minute, ein sensationelles Getränk im Mixer produzieren. Lauschen Sie dem vielversprechenden Glucksen, wenn ein frischer Smoothie ins Glas fließt. Und gönnen Sie sich, wenn möglich, einen Trinkhalm – einfach deshalb, weil Trinkhalme das Leben doch deutlich lustiger machen (ich liebe die wiederverwendbaren aus Glas, die es heute zu kaufen gibt). Feiern Sie den ersten Schluck und genießen Sie Ihr Superfood-Smoothie-Erlebnis – Ihr Körper tut es ganz bestimmt.

Cheers, Julie

VORBEMERKUNG ZUR DEUTSCHSPRACHIGEN AUSGABE

Smoothies – vom englischen Wort „smooth" (u.a. geschmeidig, glatt, lässig, sanft): Smoothies sind Gaumenschmeichler.

Superfood Smoothies – das sind Gaumenschmeichler mit Superfoods, mit natürlicher Spitzennahrung, dem Besten, was uns die Natur bietet.

Dieses *Glück in Gläsern* beruht auf der Verbindung von Kochkunst und Nahrungskunde. Julie Morris ist eine Pionierin auf diesem Gebiet, zugleich auch eine Meisterin. Und ihre Botschaft kommt an: „Ich glaube daran", sagte sie in einem Interview, „dass immer mehr Menschen sich gut ernähren wollen und lieber vollwertige Nahrung mit vielen guten Nährstoffen zu sich nehmen als ‚leere Kalorien'".

Risiken und Nebenwirkungen – Manche Superfoods sind gut erforscht, wie Granatäpfel, Brokkoli und Goji-Beeren. Viele Details der *sekundären Pflanzenstoffe* etwa werden noch untersucht und zu neuen Erkenntnissen führen. Das größte Risiko besteht in der Übersäuerung, Verfettung und Mangelernährung des Körpers durch viele herkömmliche Ernährungsgewohnheiten. Wenn Sie auf Vielfalt und Abwechslung in den Speisen, auch beim Einsatz von Superfoods, achten, gehen Sie den sichersten Weg!

Anmerkungen zur deutschen Übersetzung: wurden im Text mit den Kürzeln **„Anm.d.Ü."** und **„Anm.d.V."** eingefügt (Anmerkungen der Übersetzerin bzw. des Verlags).

Der Verlag

TEIL EINS

GLÜCK IN GLÄSERN

Bis jetzt hat mir noch niemand diese uralte Frage gestellt – ob mein Glas halb voll oder halb leer sei. Sollte das eines Tages doch passieren und würde ich gerade einen Super-food-Smoothie in der Hand halten, dann hätte ich auch die perfekte Antwort: … dieses Glas ist wirklich supervoll.

SMOOTHIES: FUNKTION IN PERFEKTE FORM GEBRACHT

Es gibt kaum etwas Genießbares, das mehr Nährstoffe enthält als ein Superfood-Smoothie. Wenn ich einen leeren Mixer vor mir sehe, sehe ich sein gesundheitliches Potenzial – ein Gefäß, das darauf wartet, möglichst viele nährstoffreiche Köstlichkeiten aufzunehmen. Obst? Gemüse? Körner? Superfoods? Ja, Natur aus dem Mixer schmeckt einfach noch ein bisschen besser.

Wie jeder, der im gastronomischen Bereich arbeitet, hatte auch ich meinen Teil an Küchen-Katastrophen hinter mir: verkehrtes Gewürz am Gemüse, Pfannkuchen, die man gut als Frisbee hätte verwenden können, knusprige Schokoküchlein, die sich so nachdrücklich an der Backform festkrallten, dass sie sie am Ende – trotz heftigen Schrubbens – in den Mülleimer begleiteten.

Smoothies bekommt man dagegen ganz entspannt noch gerettet. Selbst aus einem Smoothie der Sorte „Igitt" kann man noch etwas Perfektes machen, wenn man schlicht einen Extra-Apfel, ein Löffelchen Zitronenschale oder noch ein wenig Schokolade hinzufügt.

Ein gutes Smoothie-Rezept ist – wie jedes gute Rezept – ein gut ausbalanciertes Kunstwerk, passend für den gegebenen Anlass. Und doch: Die besten Smoothies entstehen aus Begeisterung, wie die Gemälde von Jackson Pollock. Man wirft rein, was sich gut anfühlt, und genießt die pulsierende Materie. Wenn Sie sich erst einmal einen kleinen Superfood-Vorrat zugelegt und die wichtigsten Smoothie-Regeln kennengelernt haben, geht alles andere wie von selbst.

Ich hoffe, dieses Buch beflügelt Sie. Nehmen Sie die hundert tollen Rezepte auf den folgenden Seiten und machen Sie daraus tausend wunderbare Eigenkreationen! Denn das gehört zum Zauber der Smoothies: Man kann sie unbegrenzt ergänzen, optimieren und auf den eigenen Geschmack zuschneiden. Was für uns heute „der beste Smoothie aller Zeiten" ist, wird sich vielleicht schon morgen weiterentwickeln: „Was ist, wenn wir noch … dazufügen?" Meine Smoothies basieren auf ganzheitlichen Zutaten aus biologischem Anbau – allesamt voller Geschmack. Sie kommen quasi in einem Regenbogen aus Farben und Aromen daher, aus denen sich die traumhaftesten Desserts, die erfrischendsten Jungmacher kreieren lassen. Es gibt keine bevorzugte Geschmacksnote, die nicht in einem Smoothie untergebracht werden kann.

Dieses Buch setzt aber noch eins drauf auf diese köstliche Vielfalt. Es zielt darauf ab, durch den Einsatz von Superfoods auch noch ein Maximum an Nährwerten in jeden Schluck zu packen. Superfoods, definiert als die gehaltvollsten, nahrhaftesten Lebensmittel auf diesem Planeten, wiegen jede aufgenommene Kalorie mit einer Tonne von Nährstoffen auf. Damit bieten sie eine überaus wirkungsvolle Möglichkeit, sich erstklassige Gesundmacher in konzentrierter

Form einzuverleiben. Unsere ohnehin schon unwiderstehlichen Bio-Smoothies werden auf diese Weise in ganz neue, nährstoffreiche Gefilde katapultiert – und obendrein mit gesundheitlichen Vorzügen ausgestattet, die eine Vitamin- oder Nahrungsergänzungspille vor Neid in Tränen ausbrechen lassen würden.

Das sicherlich schlagendste Argument für Superfood-Smoothies ist, dass sie unglaublich einfach zuzubereiten sind. Man braucht, wenn überhaupt, Minuten. Oder wann haben Sie zum letzten Mal ein von Kopf bis Fuß perfekt abgestimmtes, gehaltvolles, dazu noch außergewöhnlich leckeres Gericht so schnell aus dem Nichts geschaffen? Oder einen Snack? Deshalb empfehle ich als erstes immer Smoothies, wenn man mich fragt, wie man es anfangen kann, Superfoods in die tägliche Routine einzubauen.

Ich liebe auch die soziale Vielfalt von Smoothies. Jeder und alle können sie genießen – von Menschen, die alle Lebensmittel lieben, über die ganz wählerischen Esser bis hin zu Leuten mit speziellen Diät-Vorschriften. Und uns allen helfen sie, unsere gesundheitlichen Ziele zu erreichen. Ob Ihre Ernährung nun schon perfekt ausgewogen ist und Sie nur einen kleinen Extraschub suchen, oder ob Sie gesünder werden wollen und nicht wissen, wo Sie anfangen sollen: Superfood-Smoothies *werden* Ihr Wohlbefinden und Ihre Energie auf jeden Fall spürbar steigern. Sie sind der einfachste Weg zu einem stärkeren, entschlackteren, noch großartigeren Lebensgefühl. Was für eine Freude!

DAS REGEL-SET FÜR SUPERFOOD-SMOOTHIES

Zu behaupten, dass nicht alle Smoothies auf die gleiche Art zubereitet werden, ist stark untertrieben. Wie schon in der Einleitung zu diesem Buch angedeutet, kann man so gut wie alles zusammenmixen und am Ende Smoothie nennen, mit allen Vor- und Nachteilen. Das gilt einerseits für aufregend nährstoffreiche Lebensmittel – wie zum Beispiel super-gesundes Grünzeug und oft verschmähtes Gemüse wie Rote Bete (worauf wir in den folgenden Seiten noch eingehen werden) –, andererseits aber leider auch für manche typischen Nachtisch-Zutaten wie Eiscreme und Zucker. Ich habe sogar schon Smoothie-Rezepte gesehen, die als Zutat „Kuchen" angeben! Ich bin mir zwar sicher, diese Kreationen sind unerträglich lecker, und ich bin gegen die Verlockungen von Eiscreme nicht immun, aber bestimmt haben Sie bereits gemerkt, dass diese Beispiele nichts mit Superfood-Smoothies zu tun haben, nicht mal im Ansatz.

Auf der anderen Seite bin ich mir sicher, dass Ihnen schon Smoothie-Rezepte begegnet sind, die zwar ganz und gar „gesund" waren, jedwede Anziehungskraft aber schon am Eingang abgegeben hatten. Sogar ich mit meiner bekanntermaßen großen Leidenschaft für Superfoods habe angesichts von grünlich-gräulich-braunen Smoothies schon mit gerümpfter Nase gefragt, „und das soll jetzt gut für mich sein?" Bitte glauben Sie mir, dass „gesund essen" keineswegs bedeutet, sich grünlich-gräulich-braune Flüssigkeiten, gleich welcher Schattierung, einzuflößen – zumindest nicht in meinem Buch.

Die Superfood-Smoothies in diesem Buch sind speziell darauf ausgerichtet, besonders lecker, aber auch besonders energiereich zu sein. Bei Superfood-Rezepten geht es darum, Geschmack und Funktion in ein Gleichgewicht zu bringen, und zum Glück ist das bei Smoothies keine schwere Aufgabe. Damit Sie die Grundlagen besser verstehen, folgen hier sieben Superfood-Smoothie-Prinzipien: goldene Regeln, um die besten, wohltuendsten Smoothies aller Zeiten zuzubereiten. *Aller Zeiten.* Mixen Sie nach diesen Grundprinzipien, und mit Ihren Smoothies erreichen Sie neue Stufen der Gesundheit und des Wohlbefindens.

1 Einfache, vollwertige Nahrungsmittel sind die besten Zutaten.

Die Zutaten im Mixer aufzuschichten, ist einer der besonders aufregenden Schritte bei der Zubereitung von Superfood-Smoothies. Es ist toll, dass Mixbecher durchsichtig sind. So kann man die frischen vollwertigen Zutaten sehen, wie sie, eine nach der anderen, in einem wunderbaren Füllhorn Schichten voller Farben und Texturen bilden, um kurz darauf zu leckerer Glückseligkeit verwirbelt zu werden. Superfood-Smoothies stehen und fallen mit vollwertigen Zutaten. Sie stammen direkt aus der Zauberküche der Natur (echte Früchte und Gemüse, unbehandelte

Pulver, Nüsse, Körner …). Konzentrierte oder verarbeitete Inhaltsstoffe werden hier nur verwendet, um den Nährwert weiter zu verbessern oder die Geschmacksreserven bis zum Limit auszureizen. Grundsätzlich aber sollte alles, was nicht von einem Baum gefallen oder aus der Erde gezogen wurde, als Zusatzstoff gelten. Solche „Zusatzstoffe" sind nicht von Haus aus schlecht – und die in diesem Buch verwendeten sind es ganz gewiss nicht! –, sie sind aber nicht mal annähernd so gesund wie vollwertige Nahrungsmittel. Verwenden Sie daher immer zuerst und bevorzugt Obst und Gemüse, bevor Sie zu Konzentraten und industriell verarbeiteten Produkten greifen.

2 Jede Zutat hat einen Nutzen.

Louis C.K., einer meiner Lieblings-Stand-Up-Comedians, hat in seiner Show einmal trocken bemerkt: „Ich habe immer falsch gegessen. Ich wusste gar nicht, dass Essen etwas Tolles für den Körper ist. Ich hatte das von dieser Seite nie gesehen. Ich hatte Essen immer als eine jener lästigen Sachen betrachtet, die eben mal so auf dem Programm standen. … Ich hatte mir nie klargemacht, dass Essen etwas Gutes sein soll; es soll dazu da sein, dass wir uns wohlfühlen und dass es uns gut geht." Für alle diejenigen, die nicht gerade mit einem Grünkohl-Stiel im Mund auf die Welt kamen, ist eine derartige Selbst-Offenbarung irgendwann Teil ihres Weges zur Gesundheit und ein zutiefst erhebender Augenblick! Weizengraspulver etwa enthält mehr als 70 verschiedene Vitamine und Mineralien, Löffel für Löffel. Hanfsamen enthalten essentielle Fettsäuren, die entzündungshemmend wirken und helfen, das Gehirn, die Augen, die Haut und das Herzkreislaufsystem zu versorgen. Maquibeeren enthalten mehr Anti-Aging-Antioxidantien (Anthocyane) als jede andere bisher bekannte Frucht. Wenn wir anders über unser Essen denken – also in der Richtung, was es uns bringt –, werden uns unsere Essgewohnheiten bewusst, sie werden zu einem spannenden Thema, und wir werden motiviert, suboptimale Lebensmittel mit „leeren Kalorien" durch andere zu ersetzen, die wirklich etwas zu bieten haben. Was haben Sie sich für Ihre Gesundheit vorgenommen? Mehr Energie? Strahlende Haut? Krankheitsvorbeugung? Superfoods sind unsere Freunde. Jedes bietet eine eigene Kombination von Wirkstoffen für Körper und Geist.

Wenn Sie Superfoods in Smoothies verwenden, achten Sie darauf, sie mit Sinn einzusetzen: Achten Sie bewusst auf jede Zutat und auf den Nutzen, den diese für Sie hat. So, wie Wertschätzung oft eine Wurzel des Glücks ist, kann sie uns auch helfen, uns gut und gesund zu fühlen, weil wir auf die positiven körperlichen Auswirkungen auch entsprechend eingestellt sind. Es versteht sich von selbst, dass der Blick auf den Sinn und Nutzen Ihrer Smoothie Zutaten auch Ihr Verständnis und Interesse für die anderen Nahrungsmittel fördern wird, die Sie so zu sich nehmen. Gelegentlich werden auch einmal weniger gehaltvolle Zutaten angesagt sein, um den Geschmack, die Konsistenz oder vielleicht die Farbe abrunden, aber ansonsten baut man am besten auf hoch- und höchstwertige Zutaten bei einer abwechslungsreichen Ernährung. Das bringt eine dauerhafte Entwicklung hin zu stabiler Gesundheit.

3 Mehr ist nicht immer besser.

Früher stand ich auf Karottensaft. Bis zu viermal am Tag habe ich ihn getrunken (das ist ein voller Liter – für die, die es genau wissen wollen), stets mit dem naiven Mantra auf den Lippen „Karottensaft ist gut für dich". Stimmt, ist er. Doch nach ein paar Monaten entwickelten meine Hand- und Fußflächen eine tief-orangene Tönung, sodass ich bald aussah wie jemand, der nicht von der Selbstbräunungs-Creme lassen kann. Ich ging zum Arzt und erfuhr dort, dass mein neuer, seltsamer Look einfach nur auf eine Ansammlung überschüssigen Karotins zurückging, des orangefarbenen Antioxidans der Karotte. Es wurde schlicht und einfach in der Haut gespeichert, bis mein Körper mal dazu käme, es alles zu verarbeiten. Mein Doktor verschrieb mir: Hören Sie mit dem Karottensaft auf.

Dieses dritte Smoothie-Prinzip gilt speziell für all die Übereifrigen da draußen – diejenigen, die immer diesen Extrakick suchen, höhere Schwierigkeitsgrade, die nächste Stufe. Nährstoffe sind in Superfoods viel konzentrierter als in sonstigen Bio-Lebensmitteln, deshalb lieben wir sie ja. Nichtsdestotrotz ist es wichtig, respektvoll mit dieser Nährstoff-Konzentration umzugehen. Schon ein Viertel Teelöffel Camupulver bietet gut 250 % der empfohlenen Tagesdosis (GDA*) an Vitamin C und wird damit zu einer großartigen immunstärkenden Zutat für Smoothies. Ein ganzer Esslöffel Camu würde allerdings schon um die 3500 % der GDA liefern – und den Körper damit überfordern.

Von keinem der in den folgenden Rezepten aufgeführten Nahrungsmittel ist bekannt, dass eine Überdosierung ernsthafte Probleme verursachen würde; wer's aber zu „gut" meint, kann sich kleinere Beschwerden einhandeln, etwa Verdauungsstörungen. Außerdem wäre es reine Verschwendung, Nahrungsmittel, für die Sie einen ordentlichen Preis bezahlen, in sich reinzuschlingen, wenn der Körper den Nutzen nicht einmal annähernd ausschöpfen kann. Schon „zahmere" Nahrungsmittel, wie manches gewöhnliche Obst, können zu Zucker-Spitzenwerten führen, wenn man zum Beispiel sechs Portionen davon in einen Smoothie packt. Im Grunde ist es ganz einfach: Unterschätzen Sie nicht die Kraft von Superfoods (besonders die von Pulvern, weil die konzentrierter sind); verwenden Sie sie regelmäßig, aber stets in kleinen Mengen. Im Zweifel nehmen Sie einfach die auf der Packung angegebene Tagesportion als Obergrenze.

* Guideline Daily Amounts (GDA). Empfehlung des Europäischen Verbandes der Lebensmittelindustrie (CI AA) (Anm.d.Ü.)

4 Zuerst die mit hoher Nährstoffdichte.

Bei einer Lesereise in New York hatten eine Zuhörerin und ich in eine freundliche, aber durchaus hitzige Diskussion. Sie bestand darauf, wenn man Ernährung richtig verstehen wollte, wären Kalorien das A und O. Nun, ich stimme zu, dass Kalorien ein Element der Gleichung bilden. Doch eigentlich muss man auf die Mikronährstoffe schauen, oder besser, auf den Gehalt von Mikronährstoffen pro Kalorie, wenn man die Qualität von Nahrungsmitteln bestimmen will. Wie in meinem ersten Buch *Superfood-Küche* ausführlich dargelegt, ist bei der Zusammenstellung von Superfood-Rezepten die Nährstoffdichte ausschlaggebend; und besonders wichtig ist sie, wenn man Smoothies macht.

Nährstoffdichte bezeichnet die Menge von Mikronährstoffen – Vitaminen, Mineralien, Antioxidantien und weiteren sekundären Pflanzenstoffen – pro Kalorie. Je mehr Mikronährstoffe (oder, wie ich sie nenne, „Nutzbringer") jede Kalorie eines Nahrungsmittels beinhaltet, desto höher (besser) ist seine Nährstoffdichte. Superfood-Smoothies bieten eine gute Nährstoffdichte, dafür wurden sie entwickelt – das ist ihr wichtigster Zweck. Durch die Zufügung von Superfoods, den Nahrungsmittel mit der höchsten Nährstoffdichte, katapultieren wir die Rezepte in diesem Buch in unerreichte Höhen, was den Nährwert anbelangt. Die übrigen Zutaten sollen den Geschmack befördern; unter den Nahrungsmitteln ohne Superfood-Status sind auch sie eine erste Wahl und ebenfalls dazu bestimmt, das Verhältnis von Mikronährstoffen pro Kalorie so hoch wie möglich zu halten.

5 Ersetzen Sie tierische Produkte durch Zutaten auf pflanzlicher Basis.

Wissen Sie noch, dass Sportskanonen sich früher, der guten Ernährung zuliebe, pro Tag einen Smoothie mit rohen Eiern reinzogen? Zum Glück haben sich diese Zeiten geändert, und die Ernährungswissenschaft hat seitdem große Fortschritte gemacht.

Superfood-Smoothies zielen darauf ab, uns die gesündesten Nutzbringer in einem Glas zu bieten; zugleich möchten sie uns so wenig körperliche Nachteile wie möglich zumuten. Tierische Produkte aller Art – Eier, Fleisch (ich bin ziemlich sicher, dass Sie noch nie Fleisch in einen Smoothie gepackt haben, obwohl irgendwer das bestimmt schon gemacht hat), und alle Milchprodukte (Milch, Joghurt, Eiscreme, Molkepulver etc.) – werden in *Superfood-Smoothies* nicht verwendet. Sie liefern zwar Eiweiß und einige Mineralien, stellen uns aber auch vor ein großes gesundheitliches Problem: Säure. Tierische Produkte zählen zu den ausgewiesenen Säureproduzenten unter den Lebensmitteln. Sie richten damit Chaos im pH-Haushalt des Körpers an, machen uns deutlich anfälliger für Krankheiten (von den kleineren bis hin zu den tödlichen) und lassen uns schneller

altern. Die Makro- und Mikronährstoffe, die tierische Produkte liefern, kommen in Hülle und Fülle auch in Nahrungsmitteln aus dem Pflanzenreich vor. Sie aber schenken uns die Nährstoffe ohne die hässlichen gesundheitlichen Schädigungen. Wir erinnern uns an Prinzip Nummer zwei – dass jede Zutat zu Gesundheit und Wohlbefinden beitragen soll. Tierische Produkte fallen nicht darunter. Bleiben wir also bei den Pflanzen.

6 Sparen Sie den Zucker fürs Dessert.

Sie mögen vielleicht denken, dieses Prinzip verstehe sich von selbst, doch werfen Sie mal einen Blick auf etliche der Smoothie-Rezepte draußen in der Welt. Sie werden mir zustimmen müssen, dass es nicht so ist! Superfood-Smoothies hingegen sind ein genussreicher Hort gesunder guter Dinge, angefüllt mit natürlichen Nahrungsmitteln, um Gesundheit und Wohlbefinden zu stärken. Sie sind kein Nachtisch, obwohl manche von ihnen definitiv lecker genug dafür sind! Angesichts von Zutaten wie Obst, Fruchtsäften und anderen gesünderen Tricks zum Süßen besteht gar kein Grund, dem Smoothie noch zusätzlich Zucker hinzuzufügen. Übrigens: Die Geheimnisse, wie sich ein Smoothie ohne Zucker dennoch süßen lässt, finden Sie auf den Seiten 24 und folgende. Wenn Sie Zucker essen, dann heben Sie ihn sich für einen Nachtisch auf – und halten ihn raus aus Ihrem Smoothie.

Zu betonen ist außerdem, dass chemische Süßmacher aller Art (Splenda, Aspartam, Saccharin und so weiter) ebenfalls nicht auf den Tisch kommen. Weil die meisten von ihnen als nervenschädigend und krebserregend bekannt sind, sollten diese Süßmacher aus Smoothies herausgehalten werden … und am besten auch aus allem anderen, was Sie zu sich nehmen.

 Superfood-Smoothies müssen gut schmecken.

Die meisten dieser Prinzipien beziehen sich auf die Gesundheit, aber ich denke, auch Glück ist ein wichtiger Teil des Wohlbefindens. Und ein superleckerer Smoothie schenkt Glück. In der richtigen Mixtur schmecken Smoothies wie ein Glas „Wolke Sieben". Es gibt keinen Grund, mit Widerwillen ein trauriges Etwas runterzuwürgen, nur weil es „gesund" ist. Auf den Geschmack zu achten, bedeutet dann im Weiteren, dass Sie richtig Lust auf Ihren täglichen Kick durch Superfood-Smoothies bekommen. Genau genommen, werden Sie ohne ihn eigentlich gar nicht mehr auskommen (wollen). Vergessen Sie kurzzeitige Diäten oder sporadische Entschlackungskuren. Ein leckerer Superfood-Smoothie pro Tag ebnet Ihnen den Weg zu einem gesunden Lebensstil. Beginnen Sie mit Genuss – mit köstlichem Genuss –, und Ihre gesundheitlichen Bemühungen werden mehr als einfach durchzuführen sein … sie sind einfach zu verlockend!

SO WIRD IHR SMOOTHIE CREMIGER

Cremigen Geschmack und eine cremige Textur bekommt man mit pflanzlichen Zutaten einfach hin. Um die Cremigkeit eines Smoothies zu erhöhen, fügen Sie, ganz nach Ihrem Geschmack, eine oder mehrere dieser Zutaten hinzu:

- Avocado
- Banane
- Kokosnuss
- gekochte Körner (zum Beispiel Hirse oder Gerste)
- gekochter Kürbis
- milchfreier Joghurt
- Mango
- Nuss-, Reis-, Saaten- oder Sojamilch
- gewalzte Körner (wie Haferflocken oder Quinoaflocken)
- weicher Tofu (Bio-Tofu; wenn vorhanden, aus gekeimtem Soja)
- gedünstetes Wurzelgemüse
- ganze rohe Samen (trocken zu verwenden; bei schwächeren Mixern zuvor mindestens eine Stunde in Wasser quellen lassen) ganze ungesalzene Nüsse (trocken zu verwenden; bei schwächeren Mixern zuvor mindestens zwei Stunden in Wasser quellen lassen)

SMOOTHIE BASICS

Smoothies werden nach den einfachsten aller Rezepte gemacht, und doch gibt es ein paar Regeln. Ein Smoothie wird normalerweise aus fünf Komponenten zusammengestellt: einer Basis (Masse zum Dicken), außerdem aus Eis, Flüssigkeit, einem Geschmacksträger und einem Süßmacher. Der Superfood-Smoothie bringt eine weitere Schicht in den Mix: das über alles wichtige Superfood-Extra, das wir uns ab Seite 32 genauer ansehen werden.

WIE MAN DEN BESTEN SMOOTHIE MACHT

Nicht alle Smoothies werden auf die gleiche Art gemacht: Welche Ingredienzien man für jede der fünf Komponenten verwendet, bedeutet Top oder Flop für das Getränk. Zum Beispiel könnte – mal theoretisch – ein Smoothie aus Eiscreme (Basis und Eis), Milch (Flüssigkeit), einem Kuchen-Mix (Geschmacksträger) und Zucker erstellt werden. Lachen Sie darüber, wenn Sie wollen, aber ich habe das schon als Rezept gesehen. In Sachen Superfood-Smoothies hingegen sind wir darauf ausgerichtet, in jeder Schicht ausschließlich qualitativ hochwertige, nährstoffreiche Inhaltsstoffe zu verwenden, um wirklich das Geschmacks-Erlebnis zu kreieren, auf das wir aus sind. So etwas Großartiges auf die Beine zu stellen, ist nicht nur möglich, sondern wirklich *einfach,* wenn Sie über das Wissen und die Grundbausteine verfügen. Die Rezepte in diesem Buch sind so zusammengestellt, dass Ihre Geschmacksknospen vor Freude einen Luftsprung machen (und dass sie Sie mit genug Energie versorgen, um sogar noch ein wenig höher zu springen). Dennoch können Sie die folgende Liste erstklassiger Smoothie-Zutaten auch als Ausgangspunkt nehmen, um eigene gesunde Meisterwerke zu entwickeln.

Die Basis, gute Sachen zum Andicken

Die Basis eines Smoothies ist im Wesentlichen das Herz des Rezepts. Sie sorgt für die Masse, die Konsistenz und einen Teil des Geschmackes. Die Möglichkeiten sind hier fast unbegrenzt: Was sich mixen lässt, taugt auch zur Basis! Dies ist im Übrigen die ideale Schicht, um ein paar Extraportionen Obst oder Gemüse in den Smoothie zu geben. Folgende Lebensmittel eignen sich als leckere, nahrhafte Basen:

- fette Früchte (wie z.B. Avocado)
- gefrorene Früchte
- gefrorenes Gemüse
- Salate und grünes Gemüse
- Nüsse (ungesalzen)
- Saaten (ungesalzen)
- manche Körner (etwa Haferflocken)
- gedünstetes oder gegrilltes Gemüse
- süße Früchte
- Tofu

Eiswürfel

Ob als kühler, cremiger Drink oder als gefrorener, löffelbarer Mix, Smoothies schmecken kalt am besten. Einfache Eiswürfel reichen schon aus, aber wer noch zusätzlich gefrorene Zutaten nimmt, der verstärkt nicht nur den Geschmack des Smoothies, sondern packt auch noch zusätzliche Nährstoffe hinein. Dadurch wird das Rezept sogar noch vereinfacht. Optionen können sein:

◆ Eiswürfel
◆ Eiswürfel mit Geschmack (siehe Kasten auf Seite 25)
◆ gefrorene Früchte
◆ gefrorenes Gemüse

Flüssigkeiten

Natürlich wäre eine Ansammlung fester Lebensmittel noch kein Smoothie! Flüssigkeit ist unverzichtbar, wenn man aus seinen Zutaten eine weiche Mischung zaubern will. Sie kann außerdem dabei helfen, den Geschmack zu optimieren. Je nach persönlichen Vorlieben oder diätetischen Vorgaben können Sie etwas so Simples wie Wasser oder etwas so Reichhaltiges wie Kokosmilch verwenden. Die wichtigste Regel dabei lautet: Setzen Sie alles daran, dass die Flüssigkeit Ihrer Wahl schon vom Start weg schön kalt ist – kein Mensch mag lauwarme Smoothies.

Übrigens, falls Sie Ihre pflanzliche Milch nicht selbst zu Hause machen (Seite 208 zeigt Ihnen, wie's geht), sondern im Laden kaufen,

WIE MAN GEFRORENES GEMÜSE EINSETZT

Ein kaum genutzter Geheim-Tipp, wie man unglaubliche Mengen an Gemüse in Smoothies packen kann, ohne dass es jemand merkt: Nehmen Sie gefrorenes Gemüse. Niedrige Temperaturen reduzieren unsere Geschmacksempfindlichkeit – daher schmecken zum Beispiel frische und gefrorene Mango völlig unterschiedlich. Dieses Phänomen nutzen wir hier. Gemüse lässt sich leicht in alle möglichen Smoothies einbringen. Mehr noch, wenn wir das Gemüse in gefrorener Form verwenden, bekommen wir die stets erwünschte frostige Konsistenz … und letztlich versteht sich von selbst, dass es im Gefrierfach unendlich viel länger haltbar ist als frisches Gemüse. Im Grunde können Sie einem Smoothie jedes gefrorene Gemüse hinzufügen, solange es ungesalzen und nicht gewürzt ist. Einige der Spitzen-Sorten von gefrorenem Smoothie-Gemüse sind:

◆ Brokkoli
◆ Rosenkohl
◆ Blumenkohl
◆ gehackter Spinat
◆ Erbsen

greifen Sie unbedingt zu ungesüßten Sorten – mit anderen Worten: Lesen Sie die Etiketten! Wenn Sie mit ungesüßten Produkten loslegen, behalten Sie zu 100% die Kontrolle darüber, wie – und wie stark – Ihr Smoothie gesüßt ist. Damit vermeiden Sie versteckten Zucker, der selbst Smoothies unterwandern kann, die in bester Absicht zubereitet werden. Das A und O beim Mixen wirklich gesunder Rezepturen ist Kontrolle. Wählen Sie zum Beispiel:

- Kokoswasser
- Fruchtsaft
- Kombucha oder Kefir (fermentierte Getränke)
- Nuss- und Saaten-Milch (gekauft oder selbst gemacht)
- zubereiteter Tee (gekühlt)
- Reismilch
- Sojamilch*
- Gemüsesaft
- Wasser

Geschmacksträger

Das Zugeben natürlicher Geschmacksstoffe kann einen halbwegs ordentlich schmeckenden Smoothie in eine begehrenswerte Köstlichkeit mit echtem Wow-Effekt verwandeln. Geschmacksstoffe sind auch in der Lage, die eine oder andere geschmackliche Unstimmigkeit zu beheben (beispielsweise bei Brokkoli oder Chlorellapulver [Algenpulver]).

Haben Sie keine Angst, mit ein paar Bio-Extrakten aus der Back-Abteilung kreativ zu werden. Diese wichtigen Zutaten mögen zwar selbst nicht viele Nährstoffe liefern, aber sie helfen dabei, die Nährstoffdichte zu erhöhen. Denn sie ersparen uns die überflüssigen Kalorien der sonst verwendeten intensiv schmeckenden, kalorienreichen Lebensmittel, die unseren Geschmacksknospen auch noch einflüstern, sie hätten gern mehr und mehr von diesem fabelhaften Zeug. Wie wär's stattdessen mit diesen Zutaten:

- Extrakte (wie Mandeln, Minze oder andere)
- gefriergetrocknetes Fruchtpulver
- frische abgeriebene Schale von Zitrusfrüchten
- frische Kräuter (wie Minze, Basilikum, Rosmarin oder andere)
- frischer Zitronensaft
- frischer Limettensaft
- frisch gemahlene Vanilleschote oder Vanilleextrakt

---

* Bitte beachten Sie, dass Sojamilch in diesem Buch nicht als Zutat verwendet wird. Ich denke, Sojamilch kann man gelegentlich gut trinken (solange sie ein Bio-Siegel hat), aber Soja ganz allgemein ist in der heutigen Ernährung überproportional vertreten. Bei übermäßigem Genuss kann sie möglicherweise einen schädlichen Einfluss auf die Gesundheit haben oder sogar Allergien hervorrufen. Es gibt so viele wunderbare Alternativen zur Kuhmilch, die man durchaus abwechselnd verwenden sollte. Daher schlage ich vor, Sojamilch, wenn überhaupt, in Smoothies nur sehr sparsam zu verwenden.

- gemahlene Gewürze (wie Zimt, Muskat, Kardamom oder andere)
- Lucumapulver
- Mesquitepulver**

Süßmacher

Süßmacher sind vielleicht das Zweitwichtigste, was zu bedenken ist, will man einen wirklich gesunden Smoothie machen (die Superfoods stehen natürlich ganz vorne). So wie Salz den Geschmack in würzigem Essen zur Entfaltung bringt, lassen Süßmacher die Geschmacksnoten in einem Smoothie hervortreten und akzentuieren sie. Ich bin der Meinung, es ist absolut unverzichtbar, Smoothies perfekt zu süßen. Die richtige Süße macht den Unterschied zwischen einem „gut-für-mich"-Smoothie, den man trinken und vergessen kann – und einem, der so lecker ist, dass Sie das Glas gar nicht mehr aus der Hand geben – und es kaum abwarten können, ihn zum festen Bestandteil Ihres Lebens zu machen.

Wenn Sie Wert auf guten Geschmack legen, kann die richtige Verwendung von Süßmachern über Erfolg oder Misserfolg Ihres Smoothies entscheiden. Wie beim Salz ist die perfekte Bestimmung der Süße jedoch eine Sache individueller Vorlieben. Sie werden sehen, dass ich in jedem Rezept dieses Buches empfehle, den

---

** Diese Zutaten werden in diesem Buch nicht verwendet, doch kann man mit ihnen den Geschmack auf wunderbare Weise variieren. Ein paar Tropfen Mandel-Extrakt zum Beispiel lassen einen cremigen Smoothie zum geradezu opulenten Nachtisch werden, und niedrig-glykämisches Mesquite Pulver (in Bioläden oder übers Internet erhältlich) süßt auf natürliche Art – mit einem Geschmack, bei dem Johannisbrotbaum auf Karamell trifft.

WARUM ICH LUCUMA IN SMOOTHIES SO LIEBE

Obwohl sie ein paar Vitamine (besonders solche aus dem B-Komplex), Karotin-Antioxidantien und diverse Mineralien enthält, verdient sich die Lucuma nicht gerade eine Spitzenposition unter den *Superfoods*. Als Zutat in Smoothies aber ist sie der Hit. Lucuma, jene südamerikanische Frucht, die von außen wie eine Avocado aussieht und innen kräftig orange, schmeckt wie eine Kreuzung aus Mango und Süßkartoffel. In ihrer Heimat ist sie als Nachspeisen-Frucht außergewöhnlich beliebt; meistens wird sie als Geschmacksträger in Eiscremes verwendet. Es überrascht also nicht, dass Lucuma ein brillanter Zusatz für Smoothies ist. Sie gibt dem Ganzen einen süßlichen, leicht fruchtigen, etwas cremigen Geschmack, mit einer leichten Note von Vanille und Karamell.

In Nordamerika wird sie als Pulver verkauft, und obwohl man Lucuma im Hinblick auf Smoothies für eine verzichtbare Gourmet-Zugabe halten könnte, hilft sie mit ihrer zuckerarmen Süße doch, den Zuckeranteil insgesamt zu senken und zugleich den Geschmack noch zu verfeinern.

Lucumapulver ist manchmal nicht leicht zu finden, nicht einmal in Bioläden. Daher empfehle ich, es über das Internet zu bestellen (auf Seite 211 gibt's dazu genauere Angaben).

WIE MAN AROMATISIERTE EISWÜRFEL MACHT

Eiswürfel mit Geschmack zu verwenden, gehört zu den wahren Geheim-Tipps, wenn es darum geht, die Messlatte für Smoothies anzuheben. Obwohl man es vielleicht für fruchtlose Mühe halten könnte – aromatisierte Eiswürfel verleihen dem Ganzen eine zusätzliche geschmackliche Dimension; es wirkt dann so, als hätte man Eiscreme oder Sorbet untergemischt. Die Technik ist dabei ebenso einfach wie vielseitig: Gießen Sie ein Getränk – Saft oder Mandelmilch zum Beispiel – in Eiswürfelförmchen und frieren es ein. Am besten verwenden Sie dazu flexible Silikonförmchen mit Deckel; dann bleibt der Geschmack frisch, und die Eiswürfel können einfach entnommen werden.

Obwohl Sie eigentlich alle Getränke einfrieren können, werden in diesem Buch der Einfachheit halber nur drei Sorten Aroma-Eis vorgestellt. Und so werden sie gemacht:

Kokoseis: Gefrieren Sie reines Kokoswasser in Eiswürfelförmchen, bis es fest ist (ein Favorit in Sachen Geschmacksverstärkung).

Mandeleis: Gefrieren Sie ungesüßte Mandel-Milch in Eiswürfelförmchen, bis sie fest ist.

Grüntee-Eis: Gefrieren Sie zubereiteten ungesüßten grünen Tee in Eiswürfel-förmchen, bis er fest ist.

Wenn Sie mit anderen Sorten von Aroma-Eiswürfeln experimentieren, denken Sie daran: Je höher der Zuckergehalt (etwa in stark gesüßten Fruchtsäften) und/oder der Fettanteil ist (zum Beispiel in Dosen-Kokosmilch), desto weicher wird das Eis und desto schneller wird es schmelzen. Dies ist einer der Gründe, weshalb ich zum Eismachen ungesüßte Flüssigkeiten empfehle, speziell Tees.

Alle Aroma-Eiswürfel werden ein wenig schneller schmelzen als einfache (Wasser-) Eiswürfel, also nehmen Sie gegebenenfalls ruhig mehr davon, um die gewünschte Konsistenz hinzubekommen.

Richtig abgedeckt, halten sich Aroma-Eiswürfel un-begrenzt im Gefrierfach. Daher können Sie gleich größere Mengen auf einmal herstellen und haben es bei Bedarf vorrätig. Eiswürfelformen sind un-terschiedlich, aber die meisten ergeben zwischen zwei und drei Tassen Eiswürfel.

fertigen Mix zuerst zu probieren und dann mit Süßmachern abzuschmecken. Manche Rezepte werden schon so perfekt sein; andere brauchen vielleicht ein wenig extra Pfiff, da können Sie dann Süßmacher beimengen.

Natürlich sprechen wir bei „Süßmachern" nicht von dem berühmten Löffel voll Zucker, um eine bittere Medizin zu versüßen. Stattdessen greifen wir zu gesünderen Alternativen – unserer „ersten Wahl" unter den Süßmachern. Die haben mehr Vorteile als einige ihrer konzentrierteren oder industriell bearbeiteten Gegenspieler. Ohne jetzt auf die Feinheiten der Ernährungslehre einzugehen – es ist wichtig, stets daran zu denken, Süßmacher mit Vorsicht einzusetzen – sogar die unserer ersten Wahl. Einmal, in der Schlange vor der Supermarkt-Kasse, erklärte mir eine Frau: „Ich liebe Smoothies. Ich packe da tonnenweise Superfoods wie Obst und Agavendicksaft rein." Um das klarzustellen und möglichen Missverständnissen vorzubeugen: Süßmacher sind keine Superfoods. Sie sind nicht einmal wirklich gesundheitsfördernde Lebensmittel. Aber, wie schon erwähnt, wenn ein halber Esslöffel unserer „besten Wahl"-Süßmacher – wie der besagte Agavendicksaft – den Unterschied ausmacht zwischen einem Smoothie, den Sie nur zur Hälfte trinken, und einem, den Sie gar nicht mehr abstellen wollen, dann empfehle ich doch, sich an die „beste Wahl" zu halten und sie zur glücklichen Gewohnheit werden zu lassen!

Mein persönlicher Favorit unter den Smoothie-Süßmachern ist Stevia-Extrakt. Stevia wird aus einem Gartenkraut hergestellt, das für unsere Geschmacksnerven extrem süß ist. Es wird sowohl in Pulverform als auch flüssig verkauft. Stevia hat keine Kalorien, keine Kohlenhydrate,

WAS MAN BESSER WEGLÄSST

Wenn Sie es sich schon leisten, Superfoods in Ihren Mixer zu packen, dann sollten Sie Ihre Anstrengung nicht dadurch untergraben, dass Sie mit kontraproduktiven Zutaten arbeiten. Obwohl man sie manchmal in kommerziellen Smoothie-Rezepten findet – die folgenden Lebensmittel besitzen eine niedrige Nährstoffdichte und wirken sich womöglich negativ auf die Gesundheit aus. Daher vermeiden Sie die folgenden Lebensmittel bitte, wenn möglich:

* Rohrzucker und Rohrzucker-Saft (oder Produkte, die diese enthalten)
* Mais-Sirup
* Milchprodukte (inklusive Milch, Joghurt und Eiscreme)
* Eier
* Lebensmittelfarbe
* Isoliertes Sojaeiweiß
* Eiweißpulver, die einen dieser Stoffe enthalten
* Pudding oder Kuchenmix
* Molkeneiweiß

keinen Zucker und keine Auswirkungen auf den Blutzucker-Spiegel, außerdem weist es keine der gesundheitsschädlichen Nebenwirkungen auf, die wir von anderen Zucker-Ersatzstoffen kennen. Es ist eine geniale Ergänzung für die gesunde Küche, und ich verwende es ständig, um das Aroma meiner Smoothies etwas anzuheben.

Stevias einziger Nachteil ist, dass es eine sehr spezielle Süße besitzt. Als hoch konzentrierter Extrakt verhält sich Stevia ähnlich wie manche seiner künstlichen Konkurrenten und gibt eine flache, fast stechende Süße ab. In Back- oder Kochrezepten lässt es sich nur schwer einsetzen, weil seine Intensität schlecht abzuschätzen ist und man hier nicht abschmecken kann. Außerdem fehlt ihm der „runde" Geschmack anderer Süßungsmittel. Für Smoothies allerdings, die schon ein paar natürliche Süßmacher enthalten und nur einen kleinen Kick zusätzlich brauchen, ist Stevia ideal. Doch Vorsicht: Ein kleines Bisschen davon wird die Aromen zum Singen bringen, zu viel aber erzeugt einen ausgeprägt bitteren Nachgeschmack. Weil die Geschmäcker verschieden sind, reagieren manche Leute empfindlicher auf dieses Bittere als andere und verkünden dann beharrlich, wie sehr sie Stevia eben nicht mögen. Vielleicht gehören Sie ja dazu; wenn ja, dann flehe ich Sie an, Stevia noch eine Chance zu geben. Wenn Sie sich nämlich dazu überwinden können, den Geschmack zu mögen, dient Stevia Ihnen als Zauberstab, der Ihnen die ersehnte Süße schenkt und den Kalorien ebenso wie dem Zucker ein Schnippchen schlägt. Das bringt so kein

anderes Mittel fertig. Neun von zehn Leuten, die behaupten, Stevia zu „hassen", haben es einfach überdosiert – was schnell passieren kann, weil Stevia eine derart konzentrierte Süße hat. Aus diesem Grund empfehle ich nachdrücklich, dass sowohl die, die Stevia noch nicht benutzen, als auch die Skeptiker es zuerst einmal in flüssiger Form probieren. Geben Sie es tröpfchenweise aus dem Glasfläschchen in Ihren Smoothie, den Sie ja zwischendurch immer wieder abschmecken können, bis er perfekt ist.

Die Liste unten zeigt Ihnen ein paar meiner liebsten Smoothie-Süßmacher. Mit wenigen Ausnahmen verwende ich meistens jedoch Stevia. Smoothies zu süßen, scheint die Bestimmung dieses verrückten Krautes zu sein, zudem verschafft es auch noch der Nährstoffdichte der Rezeptur eine Spitzenposition. Wählen Sie einfach einen oder zwei persönliche Lieblings-Süßmacher für Ihre Smoothies!

- Agavendicksaft
- Datteln
- Dattelsirup
- Artischockensirup aus Jerusalem (sehr teuer, aber niedriger glykämischer Index)
- Ahornsirup
- Stevia (flüssig oder als Pulver)
- Xylitol (nehmen Sie Sorten, die nicht aus Mais hergestellt sind)
- Yaconsirup (teuer, aber nutzbringend)

SMOOTHIES ODER SÄFTE

Also gut: entsaften oder mixen? Wenn Sie sich diese Frage überhaupt stellen, befinden Sie sich so oder so schon auf der gesunden Spur. Sicher, beides wird Ihnen gut tun, aber im Endeffekt sind Smoothies ihren „saftigen" Mitspielern deutlich überlegen. Und zwar darum:

Fruchtfleisch: Beim Entsaften von Obst und Gemüse geht es im Wesentlichen darum, das Fruchtfleisch auszupressen, um eine nährstoffreiche Flüssigkeit zu erhalten. Wenn es einem auf ein Maximum an Vitaminen und Mineralien ankommt, ist Entsaften vorteilhaft; Schluck für Schluck verbrauchen Sie mit einem Glas Saft deutlich mehr Grundmaterial als in einer Portion Smoothie. Allerdings sind die Fasern in natürlichen pflanzlichen Nahrungsmitteln voller Nutzbringer; zum Beispiel verlangsamen sie die Ausschüttung des Zuckers in den Blutkreislauf und gewährleisten damit eine stabile, nachhaltige Energieversorgung für den Körper. In Saftform werden Früchte (und sogar einige Gemüsesorten) zu einem direkten Zucker-Shot. Für eine Weile geben sie dem Körper Energie, später aber folgt die Unterzuckerung mit ihrer Antriebslosigkeit und Lethargie. In Smoothies andererseits wird das Fruchtfleisch verwendet, so schenken sie uns ein dauerhafteres Wohlgefühl. Ein wenig Saft kann den Geschmack eines Smoothies durchaus verstärken, aber selbst dann ist es sinnvoll, ein so hochgradig ballaststoffreiches Superfood wie Lein- oder Chiasamen beizumengen, um den Smoothie ins Gleichgewicht zu bringen.

Kosten: Wenn Sie schon einmal ein Glas frisch gepressten Saft bestellt haben, wissen Sie: Säfte sind teuer! Und sie zu Hause zu machen, ist nicht unbedingt billiger, weil man schon für eine einzige Portion Saft eine riesige Menge Ausgangsmaterial braucht. Bei der Smoothie-Zubereitung verbraucht man deutlich weniger Lebensmittel, verschwendet davon nur sehr wenig und muss – dank der Superfoods – nicht mit den Nährwerten knausern.

Zeit: Da erübrigt sich der Vergleich. Hausgemachter, frisch gepresster Saft ist eigentlich eine Veranstaltung für sich. Da ist das Waschen, das Vorbereiten und Schneiden des Obstes, der entsetzlich langsame Vorgang der manuellen Befüllung des Entsafters (die besten Entsafter auf dem Markt sind tatsächlich die langsamsten!). Und dann das Schlimmste, das Aufräumen hinterher … was gewöhnlich bedeutet, den Entsafter in eine Million kleinster Teile zu zerlegen – und die dann zu säubern, zu schrubben und die kleinen haarigen Fasern wegzubürsten (kein gutes Zeichen, dass diese Geräte normalerweise mit einem Reinigungswerkzeug geliefert werden, das wie eine Zahnbürste aussieht). All das für ein einziges Glas Saft. Im Gegensatz dazu erfordert die Zubereitung eines Smoothies im Schnitt nur ein paar Minuten, und anschließend bleibt nicht viel mehr übrig als ein schnell zu spülender Mixbecher.

Genuss-Faktor: Von Zeit zu Zeit trinke ich einen frisch gepressten Saft sehr gern – ein absolutes Geschmackserlebnis. Speziell grüne Säfte sind beispielhaft; tatsächlich gibt es kaum etwas auf dieser Welt, das einen mit mehr Lebenskraft erfüllt. Wann immer Sie die Chance auf einen frischen, grünen Gemüsesaft bekommen (besonders einen mit wenig oder ganz ohne Obst), dann nutzen Sie sie! Leider ist es schwierig, aus Saft eine ganze Mahlzeit zu machen, denn es fehlt ihm an Ballaststoffen, Eiweißen und Fett – Elemente, die nicht nur für unsere Gesundheit nötig sind, sondern auch für ein dauerhaftes Sättigungsgefühl. Während ein Smoothie den Hunger für Stunden vertreiben kann, finden die meisten Leute, dass Saft einfach zu wenig sättigt; schon bald nach dem Verzehr wird eine Mahlzeit oder ein Snack nötig. Ein Superfood-Smoothie hingegen *ist* der Snack oder die Mahlzeit, und Ihr Körper weiß das.

BAUEN SIE SICH IHREN SMOOTHIE

Wenn wir uns in einem meiner Smoothie-Seminare mal in Details verrennen, bringe ich gern folgendes Sprüchlein an: „Hier geht's um Smoothies, nicht um Wissenschaft." Mit anderen Worten, wir lassen auch mal Fünfe gerade sein und sind flexibel. Nichtsdestotrotz erhält man, im Hinblick auf die Konsistenz eines Smoothies, die besten Ergebnisse, wenn man bei seinem Aufbau einen generellen „Bauplan" befolgt. Kein Mensch mag verklumpte Smoothies! Und so machen es die Profis:

Basis: Harte, kompakte Zutaten wie gefrorene Früchte, Trockenfrüchte, Nüsse und Körner kommen zuerst, sodass sie den Klingen am nächsten sind.

Hauptmasse: Weiche, kompakte Zutaten wie frische Früchte, Gemüse, Blattgrün, Nuss-Butter, Tofu und so weiter kommen als Nächstes.

Pulver und Superfoods: Wenn Sie Pulver als erstes in den Mixer geben, setzt es sich möglicherweise unter den Klingen des Mixers fest. Fügt man es erst zum Schluss hinzu, klumpt es oft zusammen, bleibt fest und verteilt sich nicht. Gleich nach Basis und Hauptmasse eingebracht, vermischen sich Pulver und Superfoods jedoch mit den Grund-Zutaten und werden bis zur Perfektion verwirbelt.

Flüssigkeit: Flüssigkeiten sollten immer zum Schluss dazu kommen. Auf diese Weise verteilen sie sich gleichmäßig, und man vermeidet das Platschen – ein Problem, das in der Regel dann auftritt, wenn man kompakte Zutaten in einen Mixer gibt, der schon mit Flüssigkeit gefüllt ist (Stellen Sie sich vor, jemand springt mit angezogenen Beinen in einen Swimming Pool.)

Eiswürfel: Sie können entweder zuerst oder zuletzt eingefüllt werden. Enthält Ihr Smoothie sehr harte Zutaten wie etwa Nüsse, dann mixen Sie zuerst alles bis aufs Eis zu einer cremigen Mischung. Dann halten Sie den Mixer an und geben die Eiswürfel hinzu, bevor Sie das Ganze noch einmal durchmixen. Das erlaubt den Klingen, alle harten Zutaten ordentlich zu zerkleinern, ohne feste Stücke zu hinterlassen. Alternative: Sie füllen das Eis gleich zu Beginn ein, zusammen mit den Zutaten der Basis- oder Hauptmasse.

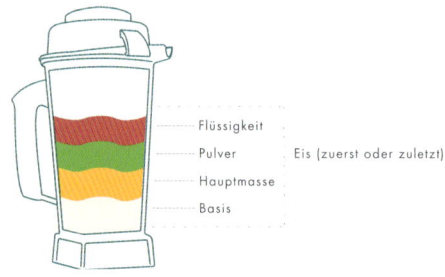

Flüssigkeit
Pulver   Eis (zuerst oder zuletzt)
Hauptmasse
Basis

SUPERFOOD-SMOOTHIE DAS GRUNDKONZEPT

Zu behaupten, Superfoods seien „von Bedeutung", wäre eine Untertreibung. Schon in meinem ersten Buch „Superfood-Küche" habe ich ausführlich dargestellt, dass es heute wichtiger als je zuvor ist, Superfoods in die Ernährung einzubinden. Die Flut von leeren Kalorien in der normalen Ernährung hat uns in eine schlimme Lage gebracht; verzweifelt versuchen wir, mit immer neuen Rekorden in Sachen Fettleibigkeit, Herz-Erkrankungen, Diabetes und Krebs klarzukommen. Als Folge des Nährstoffverlusts in vielen unserer Pflanzen – eine Begleiterscheinung des industriellen Anbaus – stellt nicht einmal der Verzehr frischer Rohkost sicher, dass wir sämtliche benötigten Mikronährstoffe erhalten. Und genau da kommen Superfoods ins Spiel, die uns eben jene Grundnahrungsstoffe bieten, nach denen wir schon lange suchen.

Sie sind reicher an Vitaminen, Mineralien, Antioxidantien und weiteren sekundären Pflanzenstoffen – insgesamt also an Nutzbringern – als jedes andere Nahrungsmittel auf unserem Planeten. Daher tragen Superfoods ihren Namen zu Recht: Sie sind unsere kleinen nahrhaften Superhelden. Statt unseren Körper mit Giftstoffen, Kalorien und schwer verdaulichen Substanzen zu belasten, bieten Superfoods nur die lebenswichtigen, die guten Komponenten; sie sind die hochprozentige Variante einer gesunden Ernährung, wenn Sie so wollen. Stellen Sie sich das vor wie beim Goldwaschen: Von normalem Essen bleibt nur Sand mit ein paar wenigen Goldpartikeln (wenn überhaupt) im Sieb; geht's aber an Superfoods, dann glänzt das ganze Gerät nur so vor Goldstaub und Nuggets. Dreck ist da kaum auszufiltern. Unser Körper fühlt sich an, als hätte er das große Los gezogen, wenn er mit Superfoods betrieben wird. Im Gegenzug belohnt er uns mit den gesundheitlichen Idealen, die uns vorschweben: optimale Fitness, genug Energie, um wirklich leistungsfähig zu sein (geistig und körperlich), und ein Schutzschild selbst gegen die schlimmsten Krankheiten zu haben, die unsere Gesellschaft plagen. Und das nur von leckerem Essen, kein schlechter Deal, oder? All das ist nur eine Frage des Tuns, und Smoothies beantworten die Frage nach dem „Wie" völlig lässig. Mix sie einfach!

DIE „SUPER 15"

Obwohl uns die Natur einen ganzen Schatz von Superfoods zur Wahl bietet, die meisten von uns haben – sehen wir's doch mal nüchtern – weder das Budget, noch genug Platz in der Küche (oder einfach auch nicht den Kopf dafür frei), um sich mit der gesamten Kollektion der Superfoods aus aller Welt zu beschäftigen. Daher habe ich für die Rezepte in diesem Buch die „Super 15" aus den Superfoods ausgewählt – die zentralen Spitzen-Superfoods für ganzheitliches Wohlbefinden, die wir im Rezeptteil für die Smoothies verwenden

werden. Jedes Superfood auf dieser Liste hat seinen Platz unter anderem damit verdient, dass es einen wertvollen Beitrag zur Anhebung des allgemeinen Wohlbefindens leistet, dass es problemlos in Bioläden oder übers Internet zu beziehen ist, und dass es schließlich schmackhaft, Mixer-freundlich und kosteneffizient ist, wenn man die Nährstoffdichte pro Portion pro Euro betrachtet.

Wenn diese Produkte in Ihrer Küche noch neu sind, ist das überhaupt kein Problem! Sie müssen jetzt nicht gleich zum Bioladen rennen und sich mit jeder einzelnen Zutat eindecken. Suchen Sie sich stattdessen doch jede Woche oder so ein neues Superfood, um es in Ihrem Mixer auszuprobieren. Und mixen Sie eines der fantastischen Rezepte auf den folgenden Seiten einfach mit den Sachen, die Sie gerade vorrätig haben. Ich zum Beispiel war lange Zeit ein absolutes Kakao-, Maca- und Goji-Mädchen, bis ich dann schließlich meinen Horizont erweiterte und (mit großem Erfolg, darf ich behaupten) auch andere natürliche Kostbarkeiten verarbeitete. Weil jedes Superfood eine eigene unverwechselbare Kombination an Nutzbringern besitzt, kann es nur gut für Ihr Wohlbefinden sein, wenn Sie lernen, vielfältige Superfoods einzusetzen. Aber natürlich ist mir klar, dass jeder mal irgendwo anfangen muss, also machen Sie sich nichts daraus, vielleicht ganz nahe bei Null zu starten … oder wo immer Sie stehen. Jedes Superfood, das Sie in Ihren Speiseplan aufnehmen, wird Ihnen nur weiterhelfen und keinesfalls schaden.

Acaibeeren

Obwohl Acaibeeren in Nord-Amerika immer populärer werden, gelten sie auch hier immer noch als einigermaßen exotische Früchte. In Südamerika hingegen findet man Acai überall, sie ist dort so etwas wie ein Grundnahrungsmittel, vor allem in Orten nahe des Meeres. Acai ist eine kleine Beere, die an einer Art Palme wächst, einen dunklen blau-lila Farbton und einen milden Beeren-Geschmack hat. Sie ist leicht ölig und auf angenehme Weise cremig. Ihr feiner Geschmack kann leicht von anderen Zutaten überdeckt werden, kommt in Smoothies mit Bananen, cremiger Nuss-Milch (auch Kokosmilch), anderen Beeren und Datteln aber gut zur Geltung. Acai ergänzt vom Geschmack her Schokolade fast perfekt, lässt sich aber nur schwer mit Gemüse oder Zitrusfrüchten kombinieren. Mit dem üppigen Geschmack und der saftigen Konsistenz scheint Acai für Smoothies wie gemacht. In der Tat werden Acaibeeren in ihrer Heimat vorzugsweise in Form von Getränken genossen.

Bezugsquellen: Sowohl Reformhäuser wie konventionelle Supermärkte füllen ihre Regale in zunehmendem Maße mit verschiedenen Acai-Produkten. Für die Verwendung in Smoothies zählen als wichtigste Eigenschaften Bio-Qualität und Reinheitsgrad. Mit anderen Worten: Ein irgendwie gesüßtes Acai-Produkt steht nicht auf der Empfehlungsliste.* Denken Sie an unser Prinzip: Wer unbehandelte Zutaten verwendet, hat die volle Kontrolle über den Inhalt seines Smoothies. Das wiederum erlaubt es, seinen Geschmack und den gesundheitlichen Nutzeffekt zu optimieren. Mein Favorit unter den Acai-Produkten ist das gefriergetrocknete Pulver (oben im Bild). Ich bevorzuge es aus verschiedenen Gründen: Es ist transportabel (perfekt zum Reisen), es verdirbt bei Weitem nicht so schnell wie Saft (bewahren Sie es im Gefrierschrank auf, dann hält es sogar noch länger – das Pulver wird nicht klumpen). Außerdem ist es hyper-konzentriert und völlig unverfälscht. Auch gut sind reiner Acai-Saft ohne Zuckerzusatz und zuckerfreies Acai-Fruchtfleisch in „Smoothie-Packungen", die Sie in der Tiefkühl-Abteilung mancher Bioläden finden. Für die Rezepte in diesem Buch reicht das gefriergetrocknete Pulver, aber experimentieren Sie ruhig auch mit den genannten Varianten.

Qualitäten: Acai wird wegen ihres hohen Antioxidantien-Anteils hoch gelobt; der macht sie so außergewöhnlich wirkungsvoll im Kampf gegen freie Radikale, gegen das Altern und für ein längeres Leben. Reich an Mineralien, Vitaminen und Aminosäuren, enthält die „fettige" Acaibeere außerdem EFS's (Essentielle Fettsäuren) wie Omega-3, 6 und 9, sowie herzstärkende einfach gesättigte Fettsäuren. Acai hat außerdem den Vorteil, nur einen niedrigen Zuckergehalt aufzuweisen.

Portionsgröße (pro Tag): 1 Esslöffel gefriergetrocknetes Acaipulver.

Ersatz: Geschmacklich gibt es eigentlich nichts, das mit Acai zu vergleichen wäre – was auch der Grund dafür ist, dass sie in Nord-Amerika an Beliebtheit zunimmt. Wenn allerdings der gesundheitliche Nutzeffekt das wichtigste Kriterium darstellt, dann kann anstelle von Acai auch Maquipulver (auf Seite 49 – 50 besprochen) verwendet werden. Generell können Sie einen Teelöffel Maquipulver anstelle von einem Esslöffel Acaipulver verwenden, da Maqui viel konzentrierter ist.

---

* Oft wird auf Acai-Produkten als Zusatz Zitronensäure angegeben. Das ist schlicht Vitamin C, das der Konservierung der Fette in der Acaibeere dient. Diese sind nämlich sehr flüchtig und werden ohne Schutz schnell ranzig. Zitrus-Säure ist ein ganz natürlicher Konservierungsstoff, sogar mit Nutzbringer-Qualitäten. In kleinen Mengen gibt sie keinen Anlass zur Sorge.

Camubeeren

Für mich sind Camubeeren die Cranberry Südamerikas: Sie sehen ähnlich aus (obwohl Camu eine etwas hellere Färbung hat), wachsen auf feuchten Wiesen und schmecken recht herb. Mit seiner hellbraunen Farbe und dem bitterem Geschmack ist Camupulver so etwas wie das hässliche Entlein unter den Superfood-Pulvern. Seine Nutzbringer-Qualitäten sind jedoch so ausgeprägt, dass schon eine Prise davon reicht, um einen Smoothie mit reichlich Vitamin C aufzupeppen. Camupulver ist ein Superfood, dessen Anschaffung ich nachdrücklich empfehle – sogar das kleinste Päckchen wird ewig halten. Und weil Sie ja nur einen Teelöffel (oft sogar auch nur ein Viertel!) davon verwenden, können Sie es eigentlich fast überall untermischen. Zu Hause werte ich fast jeden meiner Smoothies mit Camu auf – es gehört zur „Warum-eigentlich-nicht?"-Kategorie der Superfoods.

Bezugsquellen: Sollten Sie zufällig gerade in Südamerika unterwegs sein, könnten Sie Camubeeren frisch oder sogar in Saftform kaufen! Für den Rest von uns muss wohl Camupulver genügen. Es ist einfach zu lagern und zu benutzen; gehen Sie nur sicher, dass es zu 100 % bio ist.

Qualitäten: Als natürliche Vitamin-C-Quelle sind Camubeeren die Nummer eins: Ein Viertel Teelöffel enthält mehr als 250 % GDA! Das macht Camubeeren zu einem effektiven Superfood zur Stärkung des Immunsystems, exzellent für Haut und Schönheit. Außerdem ist es voller Wirkstoffe gegen Entzündungen und hilft zudem bei Viren-, Bakterien- und Pilz-Befall.

Portionsgröße (pro Tag): ¼ Teelöffel reines Camupulver.

Ersatz: Camupulver wird allein wegen seines hohen Vitamin-C-Gehalts verwendet. Man benutzt aber so wenig davon, dass Sie es, sollten Sie es für ein Rezept gerade einmal nicht griffbereit haben, auch einfach weglassen können. Falls Sie aber Wert auf diesen Extra-Vitamin-C-Schub legen, können Sie es durch andere konzentrierte Superfoods wie Cupuaçu und Hagebutten (diese werden in den Rezepten hier nicht verwendet und deshalb auch nicht weiter diskutiert), durch Zitrusfrüchte und Cranberrys ersetzen.

Chiasamen

Einmal kurz geblinzelt – und Sie könnten sie übersehen: Chiasamen sind kleiner als Sesamkörner und gehören damit zu den kleinsten essbaren Körnern überhaupt. Heimisch in Zentralamerika, galt dieses traditionelle Inka-Lebensmittel schon seit Jahrhunderten als einer der wichtigsten Energiespender. Nun wird Chias Abo auf Beliebtheit endlich erneuert, speziell unter Sportlern, Gesundheits- und Ernährungsbewussten. Weil es fast geschmacklos ist, ist Chia ein absoluter Hit für Smoothies – es lässt sich eigentlich mit allem kombinieren, was Sie sich so erträumen können.

Neben seinen gesundheitlichen Vorzügen (siehe unten), besitzt Chia eine zusätzliche, besondere

Komponente, die es als Superfood für Smoothies besonders wertvoll macht: Schleimstoffe. Diese kommen in einigen Pflanzen vor und helfen ihnen dabei, Wasser zu speichern. Chiasamen enthalten eine unglaubliche Menge davon. Sie sind tatsächlich in der Lage, das Acht- bis Neunfache ihres Eigengewichts an Wasser zu binden, wenn man sie nur 15 Minuten lang einweicht. Wie in einem seltsamen wissenschaftlichen Experiment quellen sie dann auf und bilden eine gelartige Schutzschicht um sich. Am Ende sehen sie aus wie winzige Tapioca-Bällchen.

Mit diesem Talent eignen sich Chiasamen hervorragend dazu, Smoothies ohne viele Extrakalorien anzudicken. Zudem werden sie komplett verdaut, auch wenn man sie einfach nur in den Mixer wirft, ohne sie zuerst zu mahlen. In der Praxis bereiten Sie Ihr Chia-Gel entweder schon vorher zu (Anleitung siehe rechte Seite) und geben es direkt in den Mixer, oder Sie lassen die getrockneten Chiasamen erst eine halbe Stunde im Smoothie ziehen, damit die Körner ihre „Gelier-Magie" vollziehen können. Dank seiner Geschmacks-Neutralität ist Chia ein Star unter den Superfoods, der sich tatsächlich zahllosen Smoothies als Zutat anbietet.

Varianten: Auf dem Markt finden sich heute zwei Sorten Chiasamen: braunes Chia, dessen Farbe von Dunkelbraun über Grau bis zu Weiß variiert, und weißes Chia, das als eigene Sorte gilt. In punkto Nährwert und Geschmack unterscheiden sie sich kaum – nehmen Sie also das, was Ihnen besser gefällt.

Bezugsquellen: In der Regel werden Sie auf einfache Chiasamen stoßen, aber es gibt auch Pulver aus gemahlenem Chia und sogar Pulver aus gekeimtem Chia. Sie alle sind wunderbare Superfood-Produkte und können in gleicher Weise verwendet werden. Chiasamen sind besser, wenn es Ihnen auf die Textur des Chia-Gels ankommt; das Pulver ist zu bevorzugen, wenn das Chia in Ihrem Smoothie besser unentdeckt bleiben soll.

Qualitäten: Chia ist ein regelrechtes Nährstoff-Kraftwerk, berühmt für seine gesunden Fette, den hohen Ballaststoff-Anteil und seine Antioxidantien.

Vielleicht aber lassen sich seine Qualitäten am besten im Vergleich zu anderen Lebensmitteln beschreiben. Außer jeder Menge Mineralien und Proteinen enthält Chia, Gramm für Gramm, achtmal mehr Omega-3 als Lachs, fünfmal mehr Kalzium als Milch, dreimal mehr Eisen als Spinat und dreimal mehr Antioxidantien als Blaubeeren.

Es ist die magische Kombination von leicht verdaulichen Nährstoffen, einem Minimum an Kalorien und dem unglaublichen Sättigungs-Effekt, die es zu einem so energiegeladenen Lebensmittel macht – ideal zum Abnehmen, als dauerhafter Energielieferant und als Garant für ein langen Leben.

Portionsgröße (pro Tag): 2 Esslöffel Chiasamen oder 1½ Esslöffel Chiapulver.

Ersatz: Im Verhältnis 1:1 können Sie anstelle von Chiasamen auch gemahlene oder geschrotete Leinsamen verwenden.

SO MACHT MAN CHIA-GEL

Drei Vorteile auf einmal, wenn Sie Chia-Gel verwenden: Ihr Smoothie wird schön dickflüssig, die Kalorien bleiben auf niedrigem Niveau, und der Superfood-Anteil steigt.

Chiasamen absorbieren Flüssigkeit, mit der sie in Berührung gebracht werden. Sie quellen zu einer gelartigen Substanz auf, die vielfach gerne „Chia-Gel" genannt wird. Diese kleinen Gel-„Bällchen" fühlen sich lustig an, wenn sie auf der Zunge hin- und hergleiten, aber zu starkes Mixen zerstört diesen Effekt. Deshalb geben Sie das Chia-Gel besser erst hinzu, wenn der Smoothie bereits fertig ist, und rühren es dann nur kurz unter.

ZUBEREITUNG:

Nehmen Sie 2 Tassen Wasser und 4 Esslöffel Chiasamen. Lassen Sie das Ganze 15 Minuten lang stehen. Verrühren Sie es noch einmal und lassen es weitere 15 Minuten ziehen, damit die Körner zur vollen Größe quellen können.
Gekühlt hält Chia-Gel eine Woche. Die Menge ergibt 2¼ Tassen.

Die Konsistenz des im Grunde geschmacksneutralen Chia-Gels lässt sich variieren, indem man die Menge der verwendeten Chiasamen ändert (möchten Sie ein dickeres Gel, nehmen Sie mehr Körner, soll es dünnflüssiger werden, reichen weniger). Am besten funktioniert das Ganze, wenn Sie zum Einweichen ein Einmachglas oder einen anderen verschließbaren Behälter benutzen – dann können Sie das Chia-Wasser-Gemisch samt Glas kräftig schütteln, anstatt es nur mit der Hand umzurühren. Wenn die Körner nämlich nicht von allen Seiten her ausreichend durchfeuchtet werden, können unerwünschte kaugummiartige oder harte Chiaklumpen entstehen. Was noch dazukommt: Wenn Sie einen verschließbaren Behälter verwenden, ist Ihr Chia-Gel gleich fertig verpackt für den Kühlschrank.

VARIANTEN IN UNTERSCHIEDLICHEN GESCHMACKSRICHTUNGEN:

Obwohl das in den Rezepten dieses Buches nicht vorkommt – Sie können Chiasamen auch in verschiedenen Flüssigkeiten quellen lassen, um Chia-Gel in den entsprechenden Geschmacksrichtungen zu kreieren. Versuchen Sie es mit Getränken wie Apfelsaft, Traubensaft oder Kombucha. Es macht Spaß, Ihre liebsten Smoothie-Rezepte damit zu variieren.

Chlorophyllreiche Superfoods

Chlorophyll ist das Pigment in Pflanzen, das sie grün erscheinen lässt – die Moleküle, welche die Sonnenenergie aufnehmen und in Energie umwandeln. Diese Energie überträgt sich auf uns, wenn wir die Pflanze essen, weshalb grünes Gemüse auch das wichtigste Geheimnis ist, um jung und knackig zu bleiben. Ich möchte nicht gerade behaupten, man könne von Grünzeug nie zu viel bekommen, doch lassen Sie es mich so ausdrücken: Sie hätten wirklich eine Menge zu tun, um es zu übertreiben. Für diejenigen unter uns, die mehr wollen, sind Smoothies ein idealer Träger, um mehr Blattgrün in die Ernährung einzubauen, ohne dass sie nun ausschließlich von Salat leben müssten – und sogar ohne dass es danach schmeckt. „Grüne" Smoothies haben eine stark wachsende Anhängerschaft; sie überzeugen als praktische Lösung, wenn man diese wichtigen Gruppe von Nahrungsmitteln in der Ernährung forcieren will. Aus diesem Grund widmet dieses Buch dieser Farbe der Smoothie-Bewegung – ab Seite 98 – einen ganzen Abschnitt. Sie mögen zwar grün sein, aber sie schmecken unfassbar gut!

Varianten: Zusätzlich zum frischen Blattgrün, wie es die Gemüseabteilung bereithält (von Salat über Grünkohl bis zur Brunnenkresse), findet man rekordverdächtige Nährstoff-Konzentrationen auch in Gräsern (etwa Weizen- oder Gerstengras) und Keimlingen (etwa den mild-schmeckenden Sonnenblumen- oder Klee-Sprossen).

Bezugsquellen: Kaufen Sie frische, knackige Pflanzen. Die sind am wenigsten verholzt und haben den feinsten Geschmack. Alle etwas verrottenden Blätter sollten sofort weggeworfen werden, sie könnten ein Bakterienherd sein. Natürlich gibt es auch fix und fertiges Grünzeug-Pulver zu kaufen, vom reinen gefriergetrocknetem Weizengraspulver (mein persönlicher Favorit), bis zu Mischungen, die bis zu zwanzig verschiedene Sorten von grünem Gemüse enthalten. Jede Pulver-Variante schmeckt ein wenig anders, also verlassen Sie sich beim Mixen ganz auf Ihr eigenes Urteil. Lesen Sie auch hier jedesmal die Zutaten-Listen; oft erscheinen da ominöse Füllstoffe. Auch Grünzeug aus der Tiefkühltruhe eignet sich ideal als Smoothie-Zutat (siehe Seite 22); und geradezu unschlagbar ist es in Sachen Haltbarkeit. Als Energie-Shot ohne Geschmack bietet sich ein Chlorophyll-Konzentrat an; normalerweise wird es aus einem Destillat von Alfalfa oder Nesseln hergestellt. Schließlich ist auch ein frischer, grüner, reiner Gemüsesaft wunderbar. Weil er jedoch nicht überall gut zu bekommen ist, taucht er in den Rezepten dieses Buches nicht auf. Trotzdem passt er als ideale Ergänzung zu allen fruchtigen Smoothies.

Qualitäten: Alles, was wächst und grün ist, enthält massenweise Vitamine und Mineralien – es ist sozusagen das Multivitaminpräparat von Mutter Natur. Grünzeug ist oft voller Vitamin C, Vitamin E, Betakarotin, Folsäure, Eisen und Kalium, außerdem stellt es eine der reichsten Quellen für Kalzium dar, um nur ein paar der

Nährwert-Vorteile zu nennen. Ihr reicher Schatz an antioxidierendem Chlorophyll hilft dabei, den Körper zu entgiften und zu reinigen; es stärkt den Kreislauf und den Energiehaushalt und trägt dazu bei, den körpereigenen pH-Wert auszugleichen, was wegen unserer stark säurehaltigen Ernährung in vielen Fällen notwendig ist. Ein letzter, oft vergessener Vorzug aller grünen Pflanzen ist ihr Eiweißgehalt. Gemeinsam decken sie alle essentiellen Aminosäuren ab; und viele von ihnen verfügen im Verhältnis zu ihrem geringen Kaloriengehalt über einen außergewöhnlich hohen Eiweiß-Anteil. Brokkoli und Spinat zum Beispiel enthalten pro Tasse jeweils 5 Gramm Eiweiß.

Portionsgröße (pro Tag): 1 (gut gefüllte) Tasse Blattgrün, ½ Tasse Sprossen, ½ – 1 Teelöffel Weizengras- oder Gerstengraspulver. Grüne Mischung in Pulverform: wie auf der Packung angegeben.

Ersatz: Sie können eine Portion Pulver oft durch eine Portion frisches Grün ersetzen – oder umgekehrt. Grüne Gemüse und Salate lassen sich gut untereinander austauschen, allerdings schmecken einige Sorten „grüner" als andere. (Das gleiche gilt für grüne Pulver – manche schmecken nach überhaupt nichts, während man bei anderen meint, man hätte einen Bissen Brokkoli im Mund. Mehr Tipps im Bezugsquellen-Nachweis auf Seite 211.) Eine Tasse Romana-Salat etwa wird im Smoothie geschmacklich kaum auffallen, während eine Tasse Grünkohl sich schon deutlicher

bemerkbar macht. Den mildesten „Grün-Geschmack" bringt Weizengraspulver; als frische, jedoch geschmacklich sehr dezente Zugabe verwenden Sie Baby-Spinat.

Gojibeeren

Gojibeeren werden schon seit tausenden von Jahren in der chinesischen Medizin verwendet; man nennt sie auch „Frucht des langen Lebens". Ihr Geschmack liegt zwischen dem einer Rosine und einer Cranberry – sehr süß, mit leicht herbem Einschlag. Traditionell werden Gojibeeren in Getränken verwendet – speziell Tees. Ihr milder Geschmack macht sie zu einer außergewöhnlich vielseitigen Superfood-Zugabe, denn sie lässt sich problemlos mit fast allem mischen, von Obst über Gemüse bis hin zu reichhaltigeren Zutaten wie Schokolade und Nüssen. Manche Früchte, etwa Zitrusfrüchte und Mangos, verstärken den Geschmack von Goji – aber all jenen, die mehr der gesundheitliche Nutzwert interessiert, kann ich unumwunden sagen: Ein paar Löffel Goji geben so gut wie jedem Smoothie einen Extrakick. Weil sie typischerweise in getrockneter Form (Bild auf der folgenden Seite) verkauft und verwendet werden, ist bei Gojis die ohnehin hohe Nährstoffdichte sogar noch konzentrierter und gesteigert; eine lockere Handvoll Gojibeeren ist alles, was Sie für eine Portion brauchen.

Bezugsquellen: Am ehesten werden Gojibeeren in getrockneter Form angeboten. Stellen Sie stets sicher, dass Ihre Gojibeeren aus zertifiziert organischem Anbau stammen (im konventionellen

Anbau sind sie oft hochdosierten Pestiziden ausgesetzt), und kaufen Sie nie Beeren, die Zucker oder Konservierungsstoffe enthalten. Auch Gojibeerenpulver, pasteurisierter Goji-Saft und gefrorene Gojibeeren sind in manchen Bio-Läden erhältlich – und ebenfalls bestens als Smoothie-Zutat geeignet. Die Rezepte in diesem Buch beziehen sich ausschließlich auf getrocknete Gojibeeren – wegen ihrer weiten Verbreitung und ihres Geschmacks. Wenn Sie getrocknete Gojibeeren kaufen, wählen Sie solche mit einer kräftigen roten Färbung – und nehmen Sie niemals braune Beeren. Beeren guter Qualität haben zwar etwas Biss, sollten aber nicht holzig sein, was nämlich bedeuten würde, dass sie entweder zu stark getrocknet wurden oder einfach zu alt sind. Wenn Sie abgepackte Gojis kaufen, achten Sie immer auf das Haltbarkeitsdatum, um sicherzugehen, dass die Beeren ihre besten Tage nicht schon hinter sich haben.

Qualitäten: Gojibeeren sind erstaunlich ausgewogen. Sie enthalten die wichtigsten Makro-Nährstoffe (Eiweiße, Fette und Kohlenhydrate) sowie über zwanzig Vitamine und Mineralien. In zahlreichen wissenschaftlichen Untersuchungen finden sich Hinweise auf mögliche gesundheitsfördernde Eigenschaften der Gojibeeren, darunter Hinweise auf eine mögliche Stärkung der Sehkraft (unter gewissen Voraussetzungen auch bei Makula-Degeneration und Grauem Star), des Immunsystems und des Gedächtnis (unter gewissen Voraussetzungen auch bei Alzheimer-Patienten); außerdem mögliche Hinweise auf antikarzinogene (Anti-Krebs-) Wirkungen.

Portionsgröße (pro Tag): 3 Esslöffel oder 30 Gramm getrocknete Gojibeeren.

Ersatz: Getrocknete Gojibeeren sind austauschbar mit jeder anderen Darreichungsform von Goji (Pulver, Saft oder gefrorene Beeren); es gilt die jeweilige Portionsgröße. Obwohl sie nicht dieselben Qualitäten besitzen, können auch getrocknete Maulbeeren oder auch Rosinen im Verhältnis 1 : 1 als Ersatz verwendet werden.

Granatapfel

Wahrhaft eine uralte, von Mythen umrankte Frucht, hört der Granatapfel nie auf, die Menschen zu erstaunen. Außen eine gewichtige rote Kugel, ist der Granatapfel im Innern gefüllt mit saftigen, rubinroten Kernen, die einen delikaten, süß-säuerlichen Geschmack haben. Der essbare Samen im Inneren eines jeden „Juwels" hingegen schmeckt leicht nussig. Falls Sie über einen sehr starken Mixer verfügen, können unzerkleinerte Granatapfelsamen ein ganz besonderer Zusatz für Smoothies sein, wenngleich im Abgang etwas knusprig. Ohne die Hilfe von schweren Schneidblättern und einem kräftigen Motor lassen sich Granatapfelsamen jedoch überhaupt nicht klein kriegen, sodass Ihr Smoothie am Ende voller großer, harter Samen ist. Aus diesem Grund wird in den Rezepten dieses Buches ausschließlich Granatapfelsaft verwendet. Der ist einfacher sowohl zu bekommen als auch zu verwenden (Haben Sie je versucht, einen Granatapfel zu öffnen? Tipp: Am besten tragen Sie dabei nichts Weißes!) – und letzten Endes auch noch mixerfreundlicher. Granatapfel hat einen wunderbar würzigen Geschmack in Fruchtmischungen, vor allem wenn Beeren oder Zitrusfrüchte mit im Spiel sind.

Bezugsquellen: Idealerweise finden Sie frischen Granatapfelsaft in der Kühlabteilung Ihres Supermarktes – ohne Zuckerzusatz, wohlgemerkt, und ohne dass er mit anderen Fruchtsäften verschnitten wurde. Falls so etwas nicht zu bekommen ist, wäre die nächstbeste Lösung ein ungekühlter Saft. Aber auch der sollte ohne Zucker oder andere Fruchtsäfte sein. Granatapfel pur – und sonst nichts.

Qualitäten: Als eins der meisterforschten Superfoods ist der Granatapfel ein Superstar in Sachen Nährstoffdichte. Aktuellen Studien zufolge kann ein Glas Granatapfelsaft am Tag Schutz gegen Herzerkrankungen, Krebs und Arthrose bieten.

Er besitzt dreimal so viele Antioxidantien wie roter Wein oder grüner Tee; dies in Verbindung mit starken antiviralen und antibakteriellen Eigenschaften, lässt Granatapfel auch besondere Chancen im Kampf gegen Haut-, Prostata- und Brustkrebs erkennen. Weiterhin wurde nachgewiesen, dass er den Blutdruck senken und die Herz-Kreislauf-Gesundheit unterstützen kann. Schließlich besitzt er auch noch einen hohen Gehalt an Vitaminen wie C, B1 und B2!

Portionsgröße (pro Tag): 175 – 240 ml Granatapfelsaft

Ersatz: Sauerkirschsaft im Verhältnis 1 : 1 kann ihn sehr gut ersetzen. Zur Not kann man auch andere Säfte wie Trauben- oder Apfelsaft verwenden. Die aber sind deutlich süßer und verfügen nicht über die gleichen Nutzbringer.

Hanfsamen

Hanf ist eine nachhaltige, äußerst vielseitige Nutzpflanze aus der gleichen botanischen Familie wie Maulbeer-Gewächse. Hanfsamen werden von der Cannabis-sativa-Pflanze gewonnen, einem landwirtschaftlich genutzten Verwandten des Marihuana (ohne das den Rauschzustand verursachende THC). Die kleinen goldenen Körner mit ihren winzigen grünen, chlorophyllhaltigen Fasern schmecken ähnlich wie Sonnenblumen-Kerne und geben dem Smoothie eine besondere cremige Note. Mixen Sie Wasser und Hanfsamen einfach zusammen (3 Esslöffel Hanfsamen pro 1 Tasse Wasser), das ergibt eine leckere Hanf-„Milch" – und als genau diese ergänzt sie dann auch Ihren Smoothie. Weil sie so viel pflanzliches Eiweiß enthalten, werden Hanfsamen auch in Form von Pulvern verkauft, in denen dieser Vorzug noch konzentrierter zur Geltung kommt. Diese Produkte, manchmal „Hanf-Eiweiß-Pulver", oder einfach „Hanfpulver" genannt, variieren stark; manche sind erdig im Geschmack und grobkörnig – die funktionieren nur, wenn sie in sehr cremigen oder eiskalten Smoothies untergebracht werden. Andere sind feiner verarbeitet und haben einen nussigen Geschmack. Die sind einfacher zu verwenden. Ob Sie nun Pulver oder oder ganze oder geschälte Körner verwenden – die dafür am besten geeigneten Smoothies sind solche, die bereits andere cremige Elemente enthalten, wie Nüsse, Bananen und Kakao. Auch Obst verträgt sich gelegentlich mit Hanfsamen, solange nur eine kleine Menge Hanf verwendet wird.

Varianten: Essbarer Hanf ist die einzige Hanfsorte, die im normalen Handel verkauft wird – ich verspreche Ihnen, dass Sie nicht aus Versehen mit Marihuanasamen nach Hause kommen werden.

Bezugsquellen: Wenn Sie Hanfsamen für Ihre Smoothies kaufen, sollten diese keine Schalen mehr haben und außerdem roh und ungesalzen sein. Hanf-Eiweiß-Pulver sollte rein und ohne Zusatzstoffe sein. Obwohl man immer gut daran tut, den Bio-Landbau zu unterstützen, schadet es wohl nicht zu wissen, dass Hanf von Natur aus sehr robust ist und wenig bis keine Pestizide benötigt.

Qualitäten: Hanfsamen sind eine der besten Eiweiß-Quellen des Planeten; sie enthalten alle acht essentiellen Aminosäuren. Hanf ist überaus leicht verdaulich und näher am basischen Ende der pH-Skala angesiedelt als fast jede andere feste Eiweißquelle, mit Ausnahme grünen Gemüses. Hanf-Eiweiß-Pulver variieren in ihrer Konzentration von 10 bis 14 Gramm Eiweiß auf 2 Esslöffel Pulver; 2 Esslöffel Hanfsamen enthalten ca. 5 Gramm Eiweiß. Hanfsamen sind außerdem auch eine exzellente Quelle für essentielle Fettsäuren, liefern in großen Mengen Omega-3 für Herz und Haut – und obendrein noch GLS (Gamma-Linolensäure), die den Hormonhaushalt in Balance hält. Mehr Hanf zu verwenden, ist eine großartige Methode, seine Smoothies mit zusätzlichen Mineralien anzureichern, speziell mit Eisen, Magnesium und Zink.

Portionsgröße (pro Tag): 3 Esslöffel Hanfsamen oder 2 – 3 Esslöffel Hanf-Eiweiß-Pulver.

Ersatz: Wenn sie auch weniger Vorteile aufweisen, können Sonnenblumenkerne anstelle von Hanfsamen verwendet werden, wenn Sie einen vergleichbaren Geschmack anstreben. Reis-Eiweiß-Pulver oder ansonsten Ihr Lieblings-Eiweiß-Pulver kann als Ersatz für Hanf-Eiweiß-Pulver dienen; denken Sie aber daran, dass viele dieser Pulver aromatisiert sind und damit den Gesamtgeschmack des Smoothies beeinflussen können.

Heimische Beeren

Sie lieben Beeren? Toll – dann lieben Sie auch Superfoods! Beeren wurden schon von unseren frühesten Vorfahren gesammelt, doch erst seit wenigen hundert Jahren werden die meisten von ihnen kultiviert. Nun gibt es allerdings tausende regionale Beerenarten und -unterarten, allein hunderte Arten von Brombeeren. Beeren gehören zu den nährstoffreichsten, vor Ort verfügbaren Superfoods, und Smoothies machen es uns einfacher als je zuvor, sie regelmäßig in unsere Ernährung zu integrieren. Eigentlich können Sie in jeden Smoothie eine Handvoll Beeren einbringen, ohne den Geschmack zu beeinträchtigen (oft ergibt sich damit sogar eine Verbesserung). Wahrscheinlich sind Beeren das Superfood, das am leichtesten zu allem zugefügt werden kann und das somit einen tollen ersten Schritt zu einem *Superfood-Lifestyle* ermöglicht.

Varianten: Beeren sind einige der wenigen wirklich einheimischen Superfood-Zutaten. Die Rezepte in diesem Buch greifen auf geläufige Arten zurück: Erdbeeren, Heidelbeeren, Brombeeren und Himbeeren. Natürlich stellen auch regionale Abkömmlinge und Varianten eine willkommene Zugabe zu Smoothies dar! Schauen Sie sich im Sommer doch auf den Wochenmärkten um, vielleicht gibt's in der Nachbarschaft auch einen Straßenstand (oder im Glücksfall pflücken Sie sie gleich frisch vom Feld) – Sie könnten auf so erstaunliche Juwelen stoßen wie weiße oder schwarze Himbeeren, Preisel- oder Stachelbeeren.

Bezugsquellen: Ich liebe frische Beeren wie es wohl alle tun, aber in Smoothies benutze ich sie höchst selten, und zwar aus drei Gründen: 1. Sie sind teuer (der Smoothie liegt dann echt hoch im Preis, weil Sie in der Regel ja eine oder zwei Tassen frische Beeren dafür brauchen); 2. sie verderben schnell; und 3. ich bin so eine, die alle Beeren schon direkt frisch aus dem isst, bevor ich es überhaupt nur quer durch die Küche bis zum Mixer schaffe. Tiefgekühlte Beeren sind demgegenüber bei etwa der Hälfte des Preises kein schlechtes Angebot; sie sind zudem oft „frischer" als die im Supermarkt-Regal, da sie gleich nach der Ernte eingefroren werden und sich im Gefrierfach viel länger halten. Deshalb werden in den Rezepten dieses Buches ausschließlich gefrorene Beeren verwendet, und ich empfehle stark, sich einen guten Vorrat davon anzulegen – das wird Sie daran erinnern, jedes Mal einen Smoothie zu machen, wenn Sie das Gefrierfach öffnen. Kaufen Sie immer Bio-Beeren! Leider zählen Beeren nämlich zu den am heftigsten mit Pestiziden eingenebelten Lebensmitteln (offensichtlich sind wir nicht die einzigen Lebewesen, die Beeren lieben). Obwohl ich sie in diesem Buch nicht verwende, können auch gefriergetrocknete Beeren eine exklusive Zugabe zu Smoothies sein; in ihnen bleibt der Großteil der Nährstoffe erhalten, und sie geben einen konzentrierten Beeren-Geschmack ab. Obwohl sie teurer sind als normal gefrorene Beeren, können Sie damit durchaus lustvoll experimentieren, um Ihrem Smoothie einen zusätzlichen Kick zu geben.

Qualitäten: Da Beeren ihre ernährungstechnischen Vorzüge am besten ausspielen, wenn man sie nicht kocht, sind Smoothies perfekt geeignet, um sie zu genießen. Beeren sind allesamt kleine Depots für Vitamine, vor allem für Vitamin C und A; unter allen Früchten im Pflanzenreich gehören sie zu denen mit dem höchsten Anteil an Antioxidantien. Sie stärken das Immunsystem, haben Anti-Aging- und entzündungshemmende Wirkung und schützen uns insgesamt vor Krankheiten.

Portionsgröße (pro Tag): 1 Tasse Beeren.

Ersatz: Obwohl die Rezepte meist auf den Geschmack einer speziellen Beere ausgerichtet sind, kann man jede heimische Beere in der Regel durch eine andere ersetzen, also tauschen Sie nach und Lust und Laune.

Kakao*

Vielleicht ist es nicht angebracht, hier Favoriten zu küren, aber Kakao gewinnt sogar die Herzen der erfahrensten Superfood-Abenteurer. Seine Beliebtheit ist verständlich: Als Rohstoff für Schokolade ist Kakao nicht nur ein typisches Superfood, sondern ein völlig fabelhaftes. Ihn in Smoothies zu verwenden, ist spektakulär – ein schokoladiger, jung-machender, energetisierender, gesunder und, hab ich's schon erwähnt, *schokoladiger* Smoothie?! Unglaublich, aber wahr! Kakao kann eingesetzt werden, wenn man

---

* Im Folgenden geht es um ungerösteten Kakao. Die englische Sprache unterscheidet zwischen Cacao (ungerösteter Kakao) und Cocoa (gerösteter Kakao). Der ungeröstete Kakao (Cacao) zählt zu den Superfoods.

dessertartige Smoothies zubereiten möchte, und wo immer er auftaucht, verbreitet er sein verführerisches Aroma. Am besten schmeckt er mit Nussmilch und cremigen Zutaten wie Avocado und Bananen, er kann aber auch mit Obst oder Beeren und sogar mit mildem grünem Gemüse wie Spinat gemixt werden. Weniger gut lässt sich Kakao mit tropischen und Zitrusfrüchten kombinieren (die Orange bildet die Ausnahme).

Varianten: Es gibt zahlreiche Sorten Kakao, aber die Unterschiede sind von eher untergeordneter Bedeutung. Wichtiger ist es, beim Kauf von Kakao darauf zu achten, dass er entweder Fair-Trade zertifiziert ist oder von einer Firma kommt, die die Idee von Fair-Trade unterstützt.

Bezugsquellen: Die zwei Darreichungsformen von Kakao, die sich am besten für Smoothies eignen, sind Kakaopulver (das ist Kakao mit maximaler Nährstoffdichte) und Kakaobohnensplitter. Mit Kakaopulver erzielen Sie einen stärkeren Geschmack. Es lässt sich auch problemlos in einen Smoothie einmixen, während Kakaobohnensplitter normalerweise nicht komplett zerkleinert werden und sich, auch nach dem Mixen, einen kleinen Hauch von Knusprigkeit erhalten. Achtung: Es gibt ebenfalls Kakaopulver, das aus gerösteten Bohnen hergestellt wird. Es ist zwar immer noch gesund, bietet jedoch nicht dieselbe Nährstoff-Qualität, speziell was Antioxidantien angeht.

Qualitäten: Kakao bietet sie in unglaublicher Menge. Vor allem ist es eines der mineralstoffreichsten Superfoods, enthält Kalzium und Eisen und verdient den Titel des magnesiumreichsten Lebensmittels. Man schreibt ihm auch eine belebende Wirkung zu, und mit seinem sanft stimulierenden Effekt aufs zentrale Nervensystem soll es die Stimmung anheben. Außerdem erhöht es den Serotonin-Spiegel im Gehirn (Serotonin ist das Wohlfühl-Hormon, das uns dabei hilft, die Dinge positiv zu sehen, emotionale Ausgeglichenheit, erholsamen Schlaf und anderes mehr zu erlangen). Kakao ist außerdem einsame Spitze in Sachen Antioxidantien: Mit einem ORAC (Oxygen Radical Absorbence Capacity, Einheit zur Messung von Antioxidantien) von 95 000 auf 100 Gramm Kakaopulver hat es einen fast doppelt so hohen Wert wie das an Antioxidantien schon superreiche Acaipulver. Erstaunlich! Kakao ist reich an Polyphenolen, die schlechtes Cholesterin reduzieren und das Herz stärken; zudem kann Kakao sogar dazu beitragen, die Haut vor Entzündungen zu schützen. Die eigentliche Frage müsste also lauten: Gibt es etwas, das Kakao nicht kann?

Portionsgröße (pro Tag): 2 ½ Esslöffel Kakaopulver, 2 Esslöffel Kakaobohnensplitter

Ersatz: Verwenden Sie geröstetes Bio-Kakaopulver aus dem Fair-Trade anstatt des ungerösteten Kakaopulvers (stellen Sie sicher, dass es ohne Zusatzstoffe angefertigt wurde). Beachten Sie, dass der Gehalt an Antioxidantien in Kakaopulver aus gerösteten Bohnen bedeutend geringer ist als bei ungeröstetem/rohen Kakaopulver.

WIE MAN SUPERFOOD-ZUTATEN LAGERT

Wenn Sie schon in hochqualitative Zutaten investieren, sollten Sie sie nicht verkommen lassen. Hier ein paar Tipps, um ihre Superfoods in Bestform zu halten:

Getrocknete Früchte (wie Gojibeeren und Maulbeeren) kommen am besten in Glas-Behälter, zum Beispiel in Einmachgläser (bei längerer Lagerung könnte Obst den Geschmack von Plastik annehmen). Diese Gläser verwahren Sie an einem dunklen, trockenen Ort.

Frische grüne Pflanzen und Keimlinge wie Spinat und Sonnenblumen-Sprossen … kommen am besten direkt ins Frischhalte-Fach des Kühlschranks. Beseitigen Sie zuvor überschüssige Feuchtigkeit, und waschen Sie Grünzeug erst kurz vor Gebrauch – außer Sie geben es danach in eine Salat-Schleuder, um die Blätter ordentlich zu trocknen.

Samen/saaten, Nüsse und Acai-pulver, also Zutaten, die gesunde Fette enthalten, … kommen in verschließbare Behälter (ich verwende auch dafür Einmachgläser). Verwahren Sie die dann im Kühlschrank, um maximale Lagerzeiten zu erzielen.

Superfood-Pulver wie Kakao, Maca und grüne Pulver … kommen in einen geschlossenen, trockenen Behälter (am besten aus Glas). Pulver halten sich in der Regel bei Zimmertemperatur, vermeiden Sie allerdings direkte Sonneneinstrahlung und Feuchtigkeit.

Die optimale Vorratshaltung für Superfood-Smoothie-Zutaten? Im Zweifel gut verschließen und einfrieren. Viele Superfoods lassen sich so bis lange nach Ablauf ihres Haltbarkeitsdatums verwenden.

Leinsamen

Diese kleinen, harten, glänzenden Körner sind seit 7 000 Jahren Teil der menschlichen Ernährung. Sie haben einen zurückhaltenden, leicht nussigen Geschmack, der in den meisten Mix-Getränken in den Hintergrund tritt, wenn man sie sparsam verwendet. Reich an wichtigen Funktionen, dabei aber überraschend preiswert, sind Leinsamen ein tolles Starter-Superfood für jeden, der seinem Mix gern einen kostengünstigen Schub verpassen möchte. Um die Vorteile von Leinsamen genießen zu können, müssen diese vor dem Verzehr erst gemahlen oder geschrotet werden, andernfalls werden die Samen unverdaut wieder ausgeschieden. Je nach der Qualität Ihres Mixers kann es auch reichen, ganze Körner mitzumixen. Wer sich nicht sicher ist, tut gut daran tun, die Leinsamen vorzumahlen, bevor sie zum Einsatz kommen (alle Rezepte dieses Buches beziehen sich auf gemahlene oder geschrotete Leinsamen). Sie können sie entweder schon in Pulverform kaufen oder die ganzen Körner frisch in der Kaffee- oder Gewürzmühle mahlen.

Varianten: Leinsamen kommen in zwei Sorten vor: als braune oder goldene Leinsamen. Ihre Nährwertangaben unterscheiden sich kaum, in Smoothies kann daher die eine Sorte so gut wie die andere verwendet werden.

Bezugsquellen: Wenn Sie Leinsamenpulver kaufen möchten, sollten Sie das Beste auf dem Markt wählen: Pulver aus gekeimten Leinsamen. Der natürliche Prozess des Keimens macht es noch wertvoller für die Ernährung. Es gibt auch normale Leinsamen als Pulver, allerdings ist es deutlich preiswerter, ganze Körner zu kaufen (am besten gleich in größeren Mengen) und diese dann, je nach aktuellem Bedarf, selbst in der Gewürz- oder Kaffeemühle zu mahlen. Die empfindlichen Öle der Leinsamen werden schnell schlecht, daher sollten Sie Ihren Vorrat an Körnern und Pulver im Kühl- oder Gefrierschrank aufbewahren.

Qualitäten: Leinsamen sind eine der reichsten Quellen für essentielle Fettsäuren; die halten das Gehirn in Schuss, wirken entzündungshemmend und sind außerdem ausgezeichnet für Herz und Gelenke. In ihnen ist sehr viel Vitamin E enthalten – weswegen Leinsamen als exzellente Förderer der gesunden Haut gelten. Sie enthalten außerdem größere Mengen eines Stoffes namens Lignan, der dazu beiträgt, den Hormonhaushalt zu regulieren. Leinsamen sind aus diesem Grund auch ein tolles Mittel gegen prämenstruelle Beschwerden (PMS). Mit ihrem Ballaststoff-Anteil von fast 30% unterstützen sie schließlich auch den Darm bei seiner Tätigkeit.

Portionsgröße (pro Tag): 2 Esslöffel ganze Leinsamenkörner oder 1½ Esslöffel gemahlenes Leinsamenpulver (gekeimt oder normal).

Ersatz: Im Verhältnis von 1 : 1 können Sie Leinsamen durch Chiasamen oder Chia-pulver ersetzen.

Maca

Diese dicke, radieschenrote Wurzel aus der Senffamilie kommt von den entlegenen Gipfeln der peruanischen Anden, der Puna-Region in Süd-Peru, dem höchstgelegenen Anbaugebiet der Welt. Maca wird von den örtlichen Indios unter Bedingungen angebaut, die sie zu bevorzugen scheint: größtenteils öde, steinige Landschaften mit intensiver Sonneneinstrahlung, konstant starken Winden und erheblichen täglichen Schwankungen der Temperatur, die bei Sonnenuntergang nicht selten unter den Gefrierpunkt sinkt. Offensichtlich ist Maca eine ungemein starke und widerstandsfähige Pflanze: Sie schafft es nicht nur, unter solch extremen Bedingungen zu überleben, sondern gedeiht sogar in ihnen. Außerhalb von Südamerika ist Maca üblicherweise in Pulver-Form zu bekommen. Es bietet einen eigenständigen malzig-erdigen Geschmack, der, je nach dem Aroma der begleitenden Lebensmittel, von Karamell bis Rettich reicht. Maca ist eine sehr kraftvolle Zutat, die eigentlich nicht unbemerkt bleiben kann. Am besten verwendet man sie in cremigen Smoothies auf Nuss- oder Samen-Basis, doch sie verträgt sich gut auch mit sehr süßem Obst, etwa Bananen und Datteln. Die meisten Früchte passen geschmacklich jedoch nicht zu Maca, und auch in Gemüse-Smoothies kann ihr Geschmack empfindlich stören. Maca schmeckt entweder sehr lecker oder ziemlich unmöglich – und die Grauzone dazwischen ist klein.

Varianten: Maca gibt es in verschiedenen Farben – in Rot, Gelb, Lila und Schwarz. Es kursiert die Theorie, jede dieser Farb-Varianten beeinflusse den Körper auf ihre eigene Art; wissenschaftliche Beweise für diese Vermutung stehen jedoch noch aus. Wichtiger als die Farbe ist ohnehin die Qualität. Wählen Sie unbedingt stets nur bestes Macapulver aus organischem Anbau (bei den meisten Marken ist die Farbe tatsächlich nicht einmal angegeben). Meine Maca-Empfehlung ist eine Mischung aus verschiedenenfarbigen organisch angebauten, peruanischen Maca-Sorten, um so, wenn möglich, das breiteste Spektrum an Nutzbringern zu erhalten.

Bezugsquellen: Maca steht im Laden auf dreierlei Art zur Wahl. Als erstes bietet sich rohes Macapulver an, gewonnen aus der ganzen, erst sonnengetrockneten und dann bei leichter Hitze gemahlenen Maca-Wurzel. Es kommt als feines, karamellfarbenes Pulver in den Handel und ist die reinste Form, dazu auch die außerhalb ihres Anbaugebietes am meisten verbreitete. Als zweites ist ein geliertes Pulver (vornehm für „Maca-Konzentrat") zu nennen, das ergiebiger als das rohe Pulver ist, weil die stärkehaltigen Fasern – die viele Leute als schwer verdaulich empfinden – entfernt wurden. Wegen seiner Potenz verwende ich Maca gerne in dieser Form, doch im Geschmack unterscheiden sich die beiden Pulver kaum. Schließlich gibt es noch Maca-Tinktur und Maca-Kapseln, die aber für jemanden, der Maca zum Kochen einsetzen möchte, nicht empfohlen werden.

Qualitäten: Maca ist tatsächlich Energienahrung. Um die zahlreichen Nutzbringer-Qualitäten von Maca zu verstehen, müssen wir zuerst seine Rolle als starkes Adaptogen erkennen, das uns dabei hilft, Stress auszugleichen und unser Gleichgewicht zu bewahren. Wie Forschungen zeigen, können sich die adaptogenen Bestandteile der Maca günstig auf die Adrenalin-Produktion auswirken, um dort für hormonelles Gleichgewicht zu sorgen und den Energiehaushalt anzukurbeln, ohne jedoch aufputschend zu wirken. Sowohl das endokrine System, das den Sauerstoff durchs Blut befördert und für die Produktion gesunder Neurotransmitter zuständig ist, als auch die Schilddrüse, die sich auf unsere Stärke und Ausdauer auswirkt, profitieren von diesem Superfood. Maca wurde bereits als Heilmittel für alles mögliche benutzt: von chronischer Müdigkeit über Blutarmut bis zu verringerter Libido; sie kann helfen, Angstzustände und Stress zu vermindern und steht schon lange im Ruf, sich positiv auf die Fruchtbarkeit auszuwirken. Ihr breites Spektrum an wichtigen Mineralien, inklusive Eisen, Jod, Kalzium, Magnesium, Phosphor, Kalium, Zink, Selen und mehr, wird ergänzt durch hohe Anteile an Vitamin B1, B2, C und E. Mit seinem reichen Gehalt an Aminosäuren ist Maca auch eine ernstzunehmende Quelle einer Reihe von pflanzlichen Sterinen, die das Immunsystem fördern und sich als hilfreich zur Cholesterinsenkung erweisen können. Maca hilft dabei, die Spiegel der Hormone Testosteron, Progesteron und Östrogen zu normalisieren – und hat die Libido in Einzelnachweisen nahezu verdoppelt!

Interessanterweise scheint Maca auch nach jahrelanger Lagerung viele seiner Nährstoffe zu behalten – nicht wie andere Pflanzen, die ihren vollen Nährstoffgehalt schon bald nach der Ernte wieder verlieren. In vielerlei Hinsicht ist Maca wirklich die „Survival-Pflanze".

Portionsgröße (pro Tag): Den meisten Leute tut es gut, pro Tag ungefähr einen Esslöffel Macapulver zu sich zu nehmen, aber je nach Bedarf darf es auch etwas mehr oder weniger sein. Wenn Sie Maca zuvor nie verwendet haben, beginnen Sie mit einem Teelöffel pro Tag und arbeiten Sie sich nach Bedarf hoch. Maca ist ein sehr kraftvolles Superfood, und exzessive Einnahme wird ihren Nutzen nicht unbedingt erhöhen.

Ersatz: Es gibt andere Kräuter, die adaptogene Wirkungen haben (indisches Basilikum zum Beispiel, auch Tulsi oder Tulasi, Königsbasilikum oder Heiliges Basilikum genannt), aber diese eignen sich meist nicht für einen Smoothie. Unter geschmacklichem Aspekt ist Maca nur schwer zu ersetzen. Obwohl die Übereinstimmung nicht unbedingt groß ist, könnten Sie es möglicherweise mit Mesquite- oder Carob-Pulver versuchen. In Wirklichkeit aber gibt es keinen Ersatz für Maca – sie spielt in einer eigenen „Super"-Liga.

Maquibeeren

Man nennt sie auch „Regenwald-Blaubeeren". Die kleinen lila Maquibeeren wachsen in großen Mengen in bestimmten Regionen Südamerikas. Ihre Farbe ist unglaublich lebhaft und intensiv und kann helle Smoothies in erstaunliche, violette Kreationen verwandeln, die förmlich zu glühen scheinen. Geschmacklich sind Maqui sehr mild, besonders wenn sie in getrockneter Form verwendet werden – manche Leute berichten sogar, sie gar nicht herausschmecken zu können. Aus der Smoothie-Perspektive macht sie das zu einer sehr vielseitig einsetzbaren Zutat, die sich tatsächlich in jedem Mix als Superfood-Extra verwenden lässt.

Bezugsquellen: Maqui oxidiert recht schnell, sodass man bei der kommerziellen Verarbeitung besonders vorsichtig sein muss, um die Nährstoffe zu konservieren. Deshalb ist gefriergetrocknetes Maquipulver die erste Wahl, wenn optimaler Nährwert gefragt ist. Die Beeren werden gepflückt, schnell entsaftet, gemahlen – und dann gleich gefriergetrocknet (ein Trocknungsprozess, der, wie der Name schon sagt, sehr niedrige Temperaturen erfordert, um die Feuchtigkeit zu extrahieren und dabei zugleich die Nährstoffe zu erhalten). Auf diese Weise werden die Nährstoffe in dem Pulver eingeschlossen, bis sie wieder in Kontakt mit Wasser kommen … oder eben in einen Smoothie!

Qualitäten: Die Maquibeere besitzt unter allen Früchten die höchsten bis heute gemessenen Anteile an Antioxidantien – höher sogar als Acai, wenn es um den Anthocyan-Gehalt geht. Das macht die Maquibeere zu einem außergewöhnlichen Mittel gegen das Altern; sie hilft freie Radikale zu neutralisieren und stärkt den Kreislauf. Außerdem enthält sie viele Vitamine, besonders Vitamin C, und ist von Haus aus überaus zuckerarm.

Portionsgröße (pro Tag): 2 Teelöffel Maquipulver.

Ersatz: Maqui hat einen so milden Geschmack, dass es bei einer Suche nach Ersatz eher um ihre unglaublichen Qualitäten gehen würde als ums Aroma. Acaibeeren, obwohl weniger reich an Antioxidantien, sind trotzdem wunderbar und können ebenso wie Maqui verwendet werden (für mich sind Acai und Maqui so etwas wie Schwester-Beeren, obwohl sie botanisch nicht verwandt sind). Blaubeeren können als eine Art Arme-Leute-Maqui (bezogen auf die Nährwerte) herhalten; Gramm für Gramm

enthalten sie etwa ein Zehntel der Antioxidantien, die Maqui bereithält.

Maulbeeren

Ich komme aus Kalifornien, also stellen Sie sich meine Überraschung (und meinen Neid) vor, als ich für ein paar Superfood-Besprechungen die Ostküste besuchte und dort jede Menge Leute traf, die meinten: „Bei uns wachsen die Maulbeeren im Hinterhof!" Ich muss wohl nicht betonen, dass Sie von Glück reden können, wenn Sie Maulbeeren im Garten haben, und dass Sie sie natürlich in Ihren Smoothies verwenden sollten! Oder legen Sie sie in Ihren Dörrautomaten (oder finden einen Freund, der einen hat, und teilen mit ihm die Ausbeute), trocknen Ihre Ernte vorsichtig, und schon haben Sie fürs ganze Jahr extrasüße Maulbeeren. Sie Glückspilz!

Für die nicht mit diesen Beeren Begünstigten: Maulbeeren sehen aus wie kleine, längliche Brombeeren und sind entweder dunkel-lila oder weiß. Sie haben, wenn sie frisch sind, einen saftigen, milden Geschmack nach süßen Beeren, der beim Trocknen dann extrem verstärkt wird. Obwohl die meisten Leute frische Maulbeeren in die eher unverbindliche „So-la-la"-Kategorie einordnen würden – in getrocknetem Zustand versammeln sie eine begeisterte Fangemeinde um sich (mich eingeschlossen). Einmal abgesehen von ihren unglaublichen Qualitäten, gehören Maulbeeren zu meinen bevorzugten Geheimzutaten in

Smoothies. Sie besitzen eine Süße, die andere Geschmacksrichtungen vorzüglich zur Geltung bringt, von Zitrus über Beeren bis hin zur Vanille. Beachten sie jedoch, dass ein Smoothie mit einer großzügigen Portion getrockneter Maulbeeren (oder überhaupt mit getrockneten Früchten) beträchtlich dickflüssiger wird, wenn man ihn eine Zeitlang stehen lässt; die Früchte schwellen an, wenn sie allmählich wieder Feuchtigkeit aufnehmen. Daraus folgt, dass man Maulbeeren am besten in Smoothies verwendet, die direkt getrunken werden.

Bezugsquellen: Frische Maulbeeren bekommt man oft nur für kurze Zeit in einigen besonders gut sortierten Läden, aber ihr Geschmack ist nicht optimal für Smoothies. Sonnengetrocknete Maulbeeren hingegen sind ein Traum, wenn sie mit anderen natürlichen Lebensmitteln zusammen gemixt werden. Suchen Sie nach weißen türkischen Maulbeeren aus organischem Anbau, das sind die Süßesten.

Qualitäten: Maulbeeren sind eine der besten natürlichen Quellen für Resveratrol, ein ebenso starkes wie seltenes Antioxidans, das dabei helfen kann, den Alterungsprozess hinauszuzögern, das Herz-Kreislaufsystem zu stärken und die Durchblutung zu fördern. Sie sind außerdem eine erstklassige Quelle für Ballaststoffe und zugleich eine süße Delikatesse mit echten Nutzbringern - sogar Eiweiß enthalten sie!

Portionsgröße (pro Tag): 3 Esslöffel sonnengetrocknete Maulbeeren (ca. 30 Gramm).

Ersatz: Obwohl sie nicht annähernd soviel Resveratrol wie Maulbeeren besitzen, können Sie statt dessen Rosinen oder Datteln im Verhältnis 1:1 verwenden.

Mikroalgen

Dieses urzeitliche Superfood ist eine der ältesten Lebnsformen der Erde und besitzt eine außerordentlich hohe Nährstoffdichte. Seien Sie jedoch gewarnt: Essbare Mikroalgen haben einen kräftigen Eigengeschmack, den man nicht leicht überdecken kann. Manchen Leuten macht das überhaupt nichts aus, andere reagieren sehr sensibel darauf. Geben Sie sich Mühe mit diesem Superfood – hinsichtlich seiner entgiftenden Eigenschaften ist es sein Gewicht in Gold wert. Da ist auch die kleinste Prise besser als nichts.

Generell lassen sich Mikroalgen am besten in Smoothies einarbeiten, wenn man sie in sehr kleinen Mengen verwendet und mit starken Geschmacksträgern wie Schokolade, Apfel oder Zitrone kombiniert. Das gleicht ihren „Meeresgeschmack" aus.

Ein anderer Trick ist der, den Smoothie wirklich eiskalt zu servieren, denn dann ist die Sensibilität unserer Geschmacksknospen eingeschränkt. Den Mix ganz frisch zu trinken, hilft auch; je länger man den Smoothie nämlich ziehen lässt, desto mehr breitet sich der Algengeschmack aus.

Varianten: Die handelsüblichsten grünen und blau-grünen Mikroalgen sind Chlorella und Spirulina. Ich empfehle Chlorella eher als

Spirulina, weil es mehr Chlorophyll enthält, aber enorm gesund sind beide.

Bezugsquellen: Schauen Sie sich in den Nahrungsergänzungs-Abteilungen von Reformhäusern oder Bioläden um (oder im Internet). Die Herkunft ist wichtig, denn Algen agieren im Wasser, in dem sie wachsen, wie ein Mikrofilter. Kaufen Sie also Marken, deren Reinheit getestet wird (bei Mikroalgen gibt es bisher noch kein Zertifikat für organischen Anbau). Kaufen Sie Chlorella nur, wenn auf der Packung „Zellwand gebrochen" vermerkt ist; dann sind sie verdaulich.

Qualitäten: Beide, Spirulina und Chlorella, bestehen größtenteils aus Eiweiß (Aminosäuren), und bieten Mikronährstoffe in erstaunlicher Menge. Algen enthalten 40 verschiedene Arten von Mineralien (sie sind besonders eisenreich), und unglaubliche Lager an Vitamin A, Vitamin K, Vitamin D (nur 5 Gramm Chlorella liefern 240% der GDA), und an B-Vitaminen. Bis zu 1–2% ihres Gewichts bestehen aus reinem Chlorophyll – damit ist dieses Superfood das vielleicht wirkungsvollste Lebensmittel zur Entschlackung, das man in der Natur finden kann. Zudem ist es dafür bekannt, besonders effektiv beim Ausleiten von Schwermetallen und Giftstoffen zu sein.

Portionsgröße (pro Tag): ½–1 Teelöffel pro Tag. Wenn Sie neu im Umgang mit Algen sind, beginnen Sie mit einer halben Portion; manchmal kann es zu einer zu starken Reinigungsreaktion kommen.

Ersatz: Sie können getrocknetes grünes Pulver (zum Beispiel Weizengraspulver oder Ihre Lieblingsmischung) oder ein wenig Chlorophyll-Konzentrat benutzen. Oder Sie lassen es einfach komplett weg.

Sanddorn

„Sanddorn" klingt nach einer komischen Stachelpflanze, aber in Wirklichkeit ist sie eine hübsche orangefarbene Beere, die, immer in der Gesellschaft vieler Artgenossen, an den Küstenstreifen der ganzen Welt wächst, vor allem in Europa und Asien. Ihre Saison ist nur kurz und das Einbringen der Beeren von den dornigen, klebrigen Gewächsen einigermaßen diffizil. Das erklärt den hohen Preis von Sanddorn. Nichtsdestotrotz sind seine Vorzüge so einmalig, dass es den Versuch wert sein sollte, ihn zumindest gelegentlich in die Smoothie-Architektur einzubinden.

Der Geschmack von Sanddorn ist nicht zu vergleichen – zitrusartig, herb und ein wenig ölig (was nicht negativ gemeint ist), dazu zarte blumige Geschmacksnoten – und all das eingebettet in eine konzentrierte, orangefarbene Flüssigkeit. Der komplexe Geschmack des Sanddorns neigt dazu, sich, in welchem Smoothie er auch auftaucht, in den Vordergrund zu spielen. Nein, natürlich passt er nicht zu jedem Geschmack auf der Welt, aber er ist empfänglich und faszinierend, wenn er mit süßen Zutaten wie Zitrusfrüchten, tropischen Früchten oder auch Karottensaft gemischt wird.

Bezugsquellen: Sanddornbeeren sind schwierig zu ernten und zu transportieren; daher findet man sie nur selten frisch. Am bequemsten und schnellsten ist es daher, Sanddornsaft für Superfood-Smoothies zu verwenden. Es sollte sich allerdings zu 100 % um reinen Saft handeln, der auch nicht vorgesüßt ist.

Qualitäten: Sanddorn verfügt über einzigartige Qualitäten. Man kennt ihn besonders als Mittel zur Haut-Regeneration. Er wird sogar bei ernsthaften Erkrankungen wie der Schuppenflechte verwendet. Mit seinem überaus hohen Gehalt an Vitamin C, dem entzündungshemmenden Antioxidans Quercitin und Anteilen des extrem seltenen Omega 7 ist Sanddorn ein erstklassiges „Schönheits-Lebensmittel".

Portionsgröße (pro Tag): 30 ml Sanddornsaft.

Ersatz: Von einem schlichten geschmacklichen Standpunkt aus gesehen, kann Sanddornsaft durch Orangensaft mit einem Schuss Zitronensaft einigermaßen ersetzt werden, doch wird ein solcher Tausch den meisten Vorzügen des Sanddorns nicht gerecht. Um ehrlich zu sein, gibt es eigentlich keinen wirklichen Ersatz für Sanddornsaft. Falls Sie ihn partout nicht bekommen können, schlage ich Ihnen vor, die wenigen Rezepte dieses Buches, welche ihn enthalten, zu überspringen.

ABENTEUER SUPERFOODS

Weil Smoothies so gut schmecken, kann man die Essenszeiten schlauerweise dazu nutzen, sein Lieblings-Superfood (oder eines, das es bald sein wird) mit in den Mixer zu tun. Draußen in der Welt warten außer unseren „Super 15" noch viele, viele weitere Superfoods darauf, in Ihrem Mixer zu landen (dazu neue, die gerade erst entdeckt werden).

Die folgende Liste ist als Inspiration gedacht – die meisten dieser Zutaten werden in den Rezepten dieses Buches nicht verwendet, und viele könnte man fast schon als Heilpflanzen bezeichnen. Superfoods sind ein faszinierendes kulinarisches Abenteuer, das erforscht werden möchte – und zwar vor allem beim Mixen von Superfood-Smoothies. Eins versteht sich dabei von selbst, wenn wir uns die erlesensten Nahrungsmittel der Natur einverleiben: Den möglichen segensreichen Wirkungen sind keine Grenzen gesetzt.

- Acerolakirschen
- Affenbrotfrucht (Baobab)
- Aloe Vera
- Borojó (Kolumbien)
- Caja (Brasilien u.a.)
- Cupuaçu (Kolumbien, Peru, Brasilien)
- Holunderbeeren
- Ingwer
- Kaffeebeeren
- Kurkuma

- Mangostane (Tropen)
- Matcha (pulverisierter grüner Tee)
- Medizinische Pilze (Maitake, Reishi, Chaga etc.)
- Noni (Südostasien, Australien)
- Physalis
- Phytoplankton
- Preiselbeeren
- Purpurner Mais
- Reiskleie und Reiskeim
- Sacha Inchi (Inka-Erdnuss)
- Sauerkirsche
- Seetang
- Sorghumhirsekleie
- Tocotrienolpulver (Vitamin E)
- Weizenkeim
- Yacón (Südamerika)
- Zimt

Mangostane

TRICKS ZUM SPAREN

Es ist völlig verständlich, wenn Sie angesichts der Preise für Superfood-Zutaten auch einmal ins Zweifeln kommen. Sie mögen sich fragen, warum Sie 20 Euro oder mehr für eine kleine Tüte mysteriöses purpurnes Maquipulver ausgeben sollen, wenn Sie für 3 oder 4 Euro einen Burger oder ein Sandwich bekommen. Gerade wenn Sie anfangen, sich eine Sammlung von Superfoods anzulegen, kann die Frage aufkommen, ob das Vertrauen in diese deutlich teureren Produkte gerechtfertigt ist.

Tatsächlich sind Superfoods trotz ihrer Anschaffungskosten nicht so teuer, wie es scheint. In Wirklichkeit nämlich kaufen Sie Nährwerte – nicht Kalorien oder Masse – und die Kosten pro Nährstoff sind deutlich günstiger als viele konventionelle Lebensmittel-Sonderangebote.

Solche Grundnahrungsmittel sind keineswegs unbedingt schlecht (Reis zum Beispiel ist ein wunderbares Nahrungsmittel!), aber die meisten können einfach nicht mit der Fülle an Nährwerten dienen, die für Ihren optimalen Gesundheitszustand unabdingbar ist. Wenn Sie richtig reich sein wollen, investieren Sie in einen gesunden Körper.

Von den Nährstoffen einmal abgesehen, könnte ein Superfood-Smoothie als ein recht kostspieliges kleines Getränk erscheinen. Deshalb hier als Beispiel dafür, wie sich die Preise aufschlüsseln lassen, eines der Premium-Rezepte. Es enthält die größte Anzahl an

Superfoods und ist deshalb teurer als die meisten anderen:

VANILLE-MANDEL-SMOOTHIE (SEITE 197)*

Getrocknete weiße Maulbeeren:	€ 0,84
Getrocknete Gojibeeren:	€ 0,32
Hanf-Eiweiß-Pulver:	€ 0,32
Lucuma-Pulver:	€ 0,61
Mandelbutter:	€ 0,24
Vanilleextrakt:	€ 0,30
Camupulver:	€ 0,20
Kokoswasser:	€ 0,65
Eiswürfel:	€ 0,00
Gesamtkosten pro Portion:	€ 3,48

---

* Die Kosten sind für eine Einzelportion berechnet und basieren auf dem aktuellen Einzelhandelspreis.

Wie Sie sehen, betragen die effektiven Kosten für diesen mit Superfoods vollgepackten Smoothie € 3,48. Immerhin ersetzt er leicht eine Mahlzeit. Und die nicht verbrauchten Zutaten werden eine lange Zeit halten, sodass Sie Ihre Investition voll ausschöpfen können. Das Ganze ist vielleicht nicht so günstig wie, sagen wir, eine Scheibe Toast, dafür aber außerhalb jeden Vergleichs, was die langfristigen Vorzüge betrifft.

Für alle, die ihre Kosten für Superfood-Smoothies reduzieren möchten, habe ich gute Nachrichten: Es gibt Profi-Tricks für die, die's ernst meinen! Wer noch das Letzte aus seinem Geld herausholen möchte, muss sich jedoch dazu entschließen, den Superfood-Smoothie zu einem Teil seines täglichen Lebens zu machen – und nicht nur zu einem gelegentlichen Ereignis.

Kaufen Sie Tiefkühlkost: Tiefgefrorene Früchte und Gemüse zu wählen, macht den Einkauf von Smoothie-Zutaten deutlich günstiger. Zum Teil lassen sich hier mehr als 50% einsparen. Außerdem ist mit Tiefkühlkost das Risiko geringer, dass frische Produkte verderben, bevor sie überhaupt verarbeitet werden können.

Kaufen Sie Großpackungen: Nicht jedes Superfood gibt es in Großpackungen, und bei einigen ist ein Mengeneinkauf wenig sinnvoll. Für viele aber schon. Immer häufiger sieht man in Bioläden Großpackungen von Samen wie Hanf, Chia und Leinsamen. Viele Gesundheitsportale im Internet bieten ihre bestverkauften Superfoods in größeren Einheiten an, zum Beispiel Gojibeeren. So erhält man sie für einen deutlich besseren Preis pro Gramm. Klar, zunächst steht man vor einer gewissen Investition. Aber im Laufe der Zeit sparen Sie ein Vermögen. Verwahren Sie nur einen kleinen Teil Ihrer Großpackungen zusammen mit den regulären Zutaten (ich persönlich nehme dazu gerne Glasgefäße – die sind so dekorativ). Der Rest wandert gut verschlossen in Tiefkühlfach oder Kühlschrank, um so die Haltbarkeit zu verlängern.

LEICHTER MIXEN – MIT VORGEWEICHTEN ZUTATEN

Einer von vielen Vorteilen eines Mixers mit starkem Motor ist, dass Sie so gut wie jede beliebige Zutat hineinwerfen können und die Maschine sie zu einer wunderbar glatten Masse verarbeitet. Günstige Mixer oder solche der mittleren Preisklasse hingegen haben zum Teil massive Probleme, härtere Komponenten, also vor allem Nüsse, Samen und Trockenfrüchte, zu zerkleinern. Doch auch wenn Sie nicht im Besitz eines Hochleistungsmixers sind, ist nichts verloren. Wenn man besagte Zutaten nämlich quellen lässt, bevor sie in den Mixer kommen, werden sie weicher – weshalb der Mixer deutlich effektiver arbeitet und das sonst zu erwartende grobe Smoothie-Erlebnis spürbar feiner ausfällt. Ein weiterer Vorteil besteht darin, dass eingeweichte Nüsse und Samen leichter zu verdauen sind!

Nüsse: Geben Sie die Nüsse in einen Behälter und gießen Sie die doppelte Menge Wasser hinzu. Lassen Sie die Nüsse für mindestens zwei Stunden bis zu einem Tag lang einweichen. Danach schütten Sie das Wasser ab und spülen die Nüsse sorgfältig mit klarem Wasser ab. Eingeweichte Nüsse halten sich für mehrere Tage im Kühlschrank.

Große Samen (zum Beispiel Sonnenblumenkerne oder Kürbiskerne)**:** Geben Sie die Samen in einen Behälter und gießen Sie die doppelte Menge Wasser hinzu. Lassen Sie sie für mindestens eine Stunde bis zu einen Tag lang einweichen. Danach schütten Sie das Wasser ab und spülen sie sorgfältig mit klarem Wasser ab. Eingeweichte Samen halten sich für mehrere Tage im Kühlschrank. (Beachten Sie, dass eingeweichte Samen zu keimen beginnen, je länger Sie draußen bleiben. Aus der Nährwert-Perspektive betrachtet, ist das fantastisch, allerdings macht es den Geschmack des Smoothies etwas „grüner".)

Kleine Trockenfrüchte: Vermischen Sie die Früchte mit so viel Flüssigkeit, wie für das Smoothie-Rezept vorgesehen ist (Saft, Kokoswasser etc.). Lassen Sie die Früchte zwischen mindestens 15 Minuten und einer Stunde lang weichen, bis sie anfangen aufzuquellen. Um den vollen Geschmack zu erhalten, verwenden Sie die aufgeweichten Früchte samt Flüssigkeit danach für den Smoothie.

Datteln: Entkernen Sie die Datteln, und mischen Sie sie mit der Flüssigkeit, die für das Smoothie-Rezept vorgesehen ist. Lassen Sie sie für mindestens 20 Minuten bis zu einem Tag lang einweichen. Um den vollen Geschmack zu erhalten, verwenden Sie die eingeweichten Datteln und die Flüssigkeit danach für den Smoothie.

Teilen: Finden Sie einen Smoothie-Partner! Sie werden überrascht sein, wie viele Freunde, Familienmitglieder oder Nachbarn nicht nur bereit dazu sind, sondern sich riesig freuen, mit Ihnen auf die Superfood-Smoothie-Reise zu gehen. Suchen Sie übers Internet attraktive Angebote für Superfood-Großpackungen (Empfehlungen dazu im Bezugsquellen-Nachweis auf S.187), und teilen Sie sich die Rechnung; so erhält jeder von Ihnen Top-Produkte zu einem Teil der Kosten.

Verschwenden Sie nichts: Das Schlimmste was Sie tun können, ist, einen teuren Superfood-Artikel zu kaufen und ihn dann Staub ansetzen zu lassen. *Das* ist teuer! Wenn Sie Reste von einem Superfood oder von sonst etwas besonders Gesundem haben, dessen Geschmack Ihnen nicht zusagt, dann geben Sie es in kleinen unauffälligen Mengen in Ihren täglichen Smoothie. Brauchen Sie es auf!

Mixen Sie's zuhause: Sie halten gerade ein Buch über die Zubereitung von Superfood-Smoothies in der Hand, was eigentlich darauf schließen lässt, dass Sie schon vorhaben, Ihre eigenen Mischungen zuzubereiten. Nichtsdestotrotz ist es wichtig, sich über den wahren Wert Ihrer selbstgemachten Smoothies klar zu sein und sie entsprechend wertzuschätzen. Ein typischer Smoothie kostet im Laden zwischen € 3 und € 5 für eine Portion von 500 ml (im Restaurant jeweils mehr). Ein Superfood-Smoothie wird zwischen € 6 und € 7 kosten. Ich habe auch schon welche mit besonderen Zutaten für € 12 gesehen. Auswärts einen Superfood-Smoothie zu bestellen, ist keine schlechte Entscheidung; ich tue es von Zeit zu Zeit. Aber denken Sie stets daran, dass Sie zu Hause für einen Bruchteil der Kosten einen, ich wage zu sagen, deutlich leckereren Superfood-Smoothie selbst zusammenmixen können. Die Rezepte in diesem Buch zeigen Ihnen, wie's geht.

WERKZEUGE

Es sollte Sie nicht überraschen, dass zur Herstellung von Smoothies ein Standmixer unverzichtbar ist. Es gab Zeiten, da war es recht einfach, sich seinen Mixer auszusuchen. In den letzten Jahren aber hat die Beliebtheit von Smoothies (und anderen pürierten kulinarischen Köstlichkeiten) zu einer weitreichenden Spezialisierung im Bereich des Mixens geführt. Da gibt es Standard-Mixer, Reisemixer und Multifunktionsmixer (bei welchen eine Zentraleinheit für verschiedene Aufsätze verwendbar ist, ähnlich einer Universal-Küchenmaschine); es gibt günstige Mixer, die weniger kosten als eine Tankfüllung, Mittelklasse-Modelle oder Hochleistungsmixer, die teurer sind als ein gutes Fahrrad. Ich gebe gern zu, dass ich mich für solche Hochleistungsmixer begeistere – nicht weil sie sich gut in der Angeberküche machen, sondern weil diese Mixer wahre Arbeitspferde im Reich des Mixens sind. Sie zerkleinern die störrischsten Zutaten geradezu in Null-Zeit und schreddern Eiswürfel zu winzigen, fast schneeflockenartigen Partikeln, für mich die ideale Textur eines Smoothies überhaupt. Unterm Strich machen sie das Schlagen von Smoothies einfach leichter, schneller, lustiger. Vielleicht kommt Ihnen überhaupt erst die Idee, das eine oder andere Lebensmittel schnell mal durch die Mühle zu drehen, wenn Sie so einen Mega-Mixer auf der Küchenzeile stehen haben. Ich muss gestehen – ich liebe meinen Power-Mixer ohne Ende und bin sicher, er ist jeden Cent wert (ich benutze ihn im Grunde dauernd!).

Nachdem ich das mal losgeworden bin – Sie *brauchen* natürlich nicht unbedingt einen Hochleistungsmixer, um die Rezepte dieses Buches zu mixen. Das Geld dafür ist gut investiert, wenn Sie es sich leisten können, aber um ehrlich zu sein, tut es auch ein ganz normaler Mixer. Das Wichtigste ist, überhaupt erst einmal mit dem Smoothie-Machen anzufangen.

Außer einem Mixer (und natürlich den Superfood-Zutaten) gibt es nicht viel, was Sie brauchen, um die Rezepte aus diesem Buch auszuprobieren. Ein paar Eiswürfelschalen sind hilfreich, um einige der aromatisierten Eiswürfel herzustellen. Wenn möglich, kaufen Sie die mit Deckel, dann wird das Eis keine anderen Geschmäcker aus dem Eisfach annehmen. Ein Zitrusschäler ist ein ebenso nützliches wie preiswertes Werkzeug, aber Sie können auch einen regulären Sparschäler verwenden. Ein scharfes Messer (und ein ordentliches Schneidebrett) gehören zur Grundausstattung. Und das war's auch schon.

SMOOTHIES LOHNEN SICH: IHR MEHRWERT IST DER NÄHRWERT!

Obwohl die Rezepte in diesem Buch nach ihrem Geschmacksprofil sortiert sind – mindestens ebenso wichtig sind ihre gesundheitlichen Vorzüge.

Aus diesem Grund finden Sie bei jedem Smoothie-Rezept verschiedene Bildsymbole, die seine jeweiligen Qualitäten hervorheben: reich an Eiweiß, arm an Kalorien, gut fürs Immunsystem, für die Schönheit oder förderlich für Entschlackung/Entgiftung, Herzgesundheit beziehungsweise Knochenbau. Glauben Sie mir, in diesen Rezepten stecken noch jede Menge weiterer Vorzüge als die, für welche die Bildsymbole stehen. Um die Sache einfach zu halten, finden Sie in diesem Kapitel eine Liste mit einigen der spannenden Dinge, die Sie von Ihren Superfood-Smoothies erwarten können.

EINGEBAUTE VORZÜGE

Der pure Luxus beim Genuss von Superfood-Smoothies beginnt mit der Gewissheit, dass sich schon gesundheitliche Bonuspunkte in Ihrem Körper ansammeln, wenn Sie zusätzlich naturbelassene rohe pflanzliche Lebensmittel mit hoher Nährstoffdichte in Ihre Ernährung

aufnehmen. Da dies für jeden einzelnen Smoothie in diesem Buch gilt, gibt es kein Bildsymbol, welches noch einmal ausdrücklich auf diesen Vorzug verweist. Gesundheitliches Wohlbefinden stellt sich vielmehr als Resultat eines fortgesetzten Smoothie-Konsums mit all diesen wunderbaren Lebensmitteln und Zutaten ein. Hier folgen einige der gesundheitlichen Extras, die Sie aus jedem Rezept gewinnen werden:

Energie: Nun, wir können den Tag nicht verlängern, doch unserem Körper können wir helfen, sich mehr Energie für die täglichen Aufgaben und Verantwortungen zu holen. Der Genuss eines täglichen Superfood-Smoothies ist so etwas wie die leckere Versicherung, dass zumindest eine Tagesmahlzeit voll ganz besonderer Nährstoffe ist. Viele Leute berichten, sich nach dem Genuss eines Superfood-Smoothies leichter, stärker, konzentrierter und vor allem energiegeladener zu fühlen – eine Wirkung, die für den Rest des Tages anhält. Hier liegt der Hauptgrund, warum sich viele Menschen überhaupt erst für Superfood-Smoothies interessieren und warum sie dann nicht mehr von ihnen lassen wollen. Wenn Sie den anhaltenden Energie-Effekt, den der Genuss eines Superfood-Smoothies auslöst, selbst erlebt haben, werden Sie das gut verstehen!

Anti-Alterungs-Antioxidantien: Vollwertige pflanzliche Lebensmittel und Superfoods enthalten Nährstoffe, welche die zelluläre Gesundheit auf ganzheitlicher Ebene fördern und dabei helfen, ein optimales Wohlbefinden zu erreichen und zu erhalten. Viele dieser Lebensmittel haben einen beeindruckend hohen Gehalt an Antioxidantien. Diese schützen den Körper, ganz gleich, wie alt Sie sind, gegen den Zahn der Zeit, und sie stärken zugleich so gut wie alle Funktionskreisläufe im Körper. Es gibt keinen Smoothie in diesem Buch, der keine Antioxidantien enthält. Sie alle also wirken gegen zellschädigende freie Radikale und beugen künftigen Schäden vor. Antioxidantien halten freie Radikale davon ab, sich überhaupt erst zu bilden. Sie vernichten bereits aktive Oxidantien, helfen beschädigte Moleküle abzubauen, Giftstoffe zu entsorgen und verhindern künftige Oxidation (jener Vorgang, bei dem der Körper beginnt zu „rosten").

Die ORAC-Skala (Ogygen Radical Absorbance Capacity, die Fähigkeit des Körpers zum Abfangen von Sauerstoff-Radikalen) bezeichnet die Höhe des Antioxidantien-Niveaus in Nahrungsmitteln. Obwohl viele Nuancen in der Nahrung stecken, die zusammen einen therapeutischen Effekt haben können, sind hohe ORAC-Werte ein willkommener Hinweis auf Nahrungsmittel mit großem Nutzen. Die folgende Liste zeigt, dass viele unserer Lieblings-Superfoods uns dabei helfen, die Lebensuhr zurückzudrehen.

ZUTATEN	ORAC*
Kakaopulver (100 g)	95 000
Maquipulver (100 g)	60 600
Acaipulver (100 g)	53 600
Gojibeeren, getrocknet (100 g)	13 300
Blaubeeren (½ Tasse)	6 552
Erdbeeren (½ Tasse)	3 577
Spinat (1 Tasse, roh)	3 030
Granatapfel (½ Tasse, Saft)	2 341
Grünkohl (1 Tasse, roh)	1 770
Karrotten (½ Tasse)	666
Tomaten (½ Tasse)	367
Mango (½ Tasse)	300

*ORAC gibt Näherungswerte an, die mit der Bezugsquelle, dem Anbaugebiet, dem Verarbeitungsprozess und der Frische des Lebensmittels variieren können.

Vitamine und Mineralien: Superfoods enthalten oft gerade die Vitamine und Mineralien in großer Menge, die in unserer modernen täglichen Ernährung so häufig fehlen. Uns mit diesen Mikronährstoffen zu versorgen, gehört untrennbar zum Superfood-Smoothie-Gesamtkonzept, und – ich wiederhole – jeder einzelne Smoothies in diesem Buch enthält sie. Genießen Sie die Vielfalt von Rezepten, die wechselnden Zutatenkombinationen, als den besten Weg zu allgemeinem Wohlbefinden. Infos darüber, wie

einige der Top-Superfoods bei den wichtigsten Mikronährstoffe abschneiden, finden Sie unter dem Stichwort „Qualitäten" weiter vorne im Kapitel „Super 15" (Seiten 32–53).

EXTRA-VORTEILE

Superfood-Smoothies haben, wie wir gesehen haben, zahlreiche „eingebaute" Vorzüge. Außerdem helfen die meisten der folgenden Rezepte auch bei ganz bestimmten gesundheitlichen Zwecken. Die Symbole bei den jeweiligen Rezepten zeigen auf einen Blick, in welchem Bereich ein Smoothie besondere Kräfte entwickelt. In der Legende hier unten finden Sie jedes Zeichen und seine Bedeutung beschrieben. Mehr Infos darüber, welcher Smoothie bei welchen Beschwerden oder Zielen hilft, bietet das Verzeichnis „Smoothies und ihre Nutzen" ab Seite 214.

SCHÖNHEIT Der Smoothie enthält Zutaten, die für die Schönheits wichtige Nährstoffe beinhalten – etwa Vitamin C (essenziell für die Synthese von Kollagen und entzündungshemmenden Stoffen), gesunde Fette und Anthocyanin Antioxidantien zum Schutz der Haut.

KNOCHEN-STÄRKE Der Smoothie enthält jede Menge kalziumreiche Superfoods.

ENTSCHLACKUNG/ ENTGIFTUNG Der Smoothie hilft speziell dabei, den Körper zu entgiften und die Basizität zu steigern.

HERZGESUNDHEIT Der Smoothie enthält Superfoods mit Nährstoffen, die, nachgewiesen in klinischen Tests, das Herz-Kreislaufsystem fördern.

IMMUNSYSTEM Der Smoothie liefert Nährstoffe zur Bekämpfung von Krankheiten – etwa Vitamin C und Zink. Alternativ oder zusätzlich enthält er Superfoods mit bekanntermaßen anti-viraler, anti-bakterieller oder anti-fungaler Wirkung.

KALORIENARM Pro Portion enthält dieser Smoothie schätzungsweise nur 225 Kalorien – oder weniger!

PROTEIN Pro Portion enthält dieser Smoothie zehn oder mehr Gramm Eiweiß.

WIE MAN SUPERFOODS ZUR REGULIERUNG DES GEWICHTS ANWENDET

Wie jeder in der Lebensmittel-Branche Ihnen bestätigen wird, kann es ganz wunderbar sein, den ganzen Tag mit Essbarem zu arbeiten (für Leckermäuler wie mich ist es ein Traum), aber es hat auch einen möglicherweise recht „gewichtigen" Nachteil: Man isst eine *Menge!* Das ständige Abschmecken wirkt sich ebenso unbemerkt wie schnell aus, und schon gibt's ein Zuviel an Pfunden. Beim Schreiben dieses Buchs aber ist mir etwas Verrücktes passiert.

Es mag furchtbar klischeehaft klingen, aber nach wochenlangem Smoothie-Machen, den ganzen Tag lang – und zwar jeden Tag –, spürte ich, wie meine Energie deutlich zunahm. Ich war produktiver, konnte klarer denken, hatte mehr Power im Sport – und empfand von Tag zu Tag mehr Spaß an der Freud. Ich war schlicht in der Lage, überall ein wenig *mehr* zu machen. Aber das i-Tüpfelchen (die Kirsche auf dem Smoothie sozusagen), war die Erkenntnis, die ich gleich nach Abschluss dieses Buches hatte. Obwohl sich meine Kalorien-Zufuhr mit all dem Testen der Rezepte zeitweise erhöht hatte, hatte ich nicht nur mein Gewicht gehalten, sondern war sogar schlanker als zuvor: Ein Test im Fitnessstudio bestätigte, dass mein Körperfettanteil um ein paar Prozentpunkte gesunken war. Ich konnte es kaum glauben. Es war, als hätte sich mein Körper ganz sachte auf ein Gleichgewicht auf höherer Ebene eingepen-

delt – ein unglaublich motivierendes Ergebnis, möglich geworden durch eine mühelose, obendrein noch leckere Beschäftigung!

Superfood-Smoothies zu einem Teil Ihrer Ernährung zu machen, um auf diese Weise abzunehmen, ist keine dumme Idee. Viele dieser Smoothies gehen als komplette Mahlzeit durch und reduzieren damit Ihre tägliche Kalorien-Bilanz, während sie Ihnen zugleich ein sattes Plus an Nährstoffen verschaffen. Eben weil in Superfood-Smoothies die Nährstoffe so dicht gelagert sind, fühlen wir uns länger satt, denn der Körper hat ja alles, was er braucht, um gut arbeiten zu können. Dazu kommt, dass uns Superfood-Smoothies, anders als viele Diäten oder Entschlackungskuren, mit der Energie versorgen, die uns wirklich gut durch den Tag bringt. Ein „Engels-Kreis": Mehr Energie führt zu mehr Aktivität, die dazu führt, besser auszusehen, besser drauf zu sein – was uns letztendlich dazu bringt, uns gesündere Sachen, wie zum Beispiel Superfood-Smoothies, einverleiben zu wollen… Und so geht's dann lustig weiter einen positiven Weg entlang. Ob Sie Superfoods nun einzig und allein dazu verwenden, um etwas für Ihre tägliche Gesundheit zu tun, ob sie Teil einer strengeren Diät oder Entschlackungskur sind – zweifellos können Superfood-Smoothies Ihnen eine wertvolle Hilfe dabei sein, das Beste aus sich zu machen.

TEIL ZWEI

DIE SMOOTHIES

Der enormen Vielfalt an Bio-Produkten, die uns heute zur Verfügung steht, entspricht eine schier unbegrenzte Zahl von Superfood-Smoothies – vom Aussehen her ebenso wie von ihrer Funktion. Auf den folgenden Seiten finden Sie im Kapitel „Fruchtig & Leicht" erfrischende Gaumenschmeichler prallvoll mit Obst. Rezepte für entschlackende und stärkende Mixturen sind unter „Grün & Dynamisch" aufgeführt. Genießen Sie die leckeren Shakes der „Köstlich & Cremig"-Kategorie, erleben Sie unglaubliche Superfood-Fantasien mit den „Premium-Mischungen" – und lernen Sie in den „Superfood-Shots" die Zauberküche besonders wirksamer Superfoods kennen. Welcher ist Ihr Smoothie-Style? Auf Sie wartet eine ganze Welt energiegeladener Möglichkeiten.

WIE VIEL SMOOTHIE SOLLTE ICH TRINKEN?

Aktivität, Körpergröße, Stoffwechselrate und andere Faktoren spielen eine Rolle, wenn es um die Bestimmung der Portionsgrößen geht. Im Schnitt ergeben die Rezepte in diesem Buch etwa zwei Portionen. Einige Portionen sind größer als andere, beispielsweise 475 ml statt 350 ml. Das liegt vor allem an der Reichhaltigkeit (und damit am Kaloriengehalt) der verwendeten Zutaten. Die meisten Leute empfinden eine oder zwei Portionen eines Superfood-Smoothies pro Tag als optimal für ihre Energie – und stellen fest, dass es fürs innere Gleichgewicht langfristig am besten ist, im Laufe der Woche ganz unterschiedliche Smoothies zu verzehren.

Ungeachtet dieser Empfehlung ermutige ich Sie, die beste aller Entscheidungshilfen einzusetzen: Ihre eigenen Instinkte. Jede dieser Mischungen enthält einige der besten Nährstoffe, die Sie überhaupt in Ihren Körper aufnehmen können. Sie müssen damit also nicht annähernd so vorsichtig umgehen wie, sagen wir, mit Schokoladenkuchen. Weil Superfood-Smoothies mit vollwertigen Lebensmitteln zubereitet werden, enthalten sie keine künstlichen Zusatzstoffe, die in hoher Dosis biologischen Stress verursachen können. Ich denke, das ist einer der wirklich angenehmen Aspekte der Superfood-Smoothies: Wir können die ganzen Berechnungen außen vor lassen, uns entspannen und einfach genießen, bis wir satt und zufrieden sind.

- So wie es keine zwei identischen Schneeflocken gibt, sind auch keine zwei Äpfel genau gleich. Obst oder Gemüse von einer Sorte kann sich im Geschmack, in der Süße, in der Größe und sogar in der Farbe dramatisch unterscheiden. Eine Banane kann süßer sein als eine andere, und ein Grünkohl hat vielleicht mehr „Biss" als ein anderer, der später in der Saison geschnitten wurde. Schmecken Sie Ihren Smoothie immer ab, bevor Sie ihn ins Glas gießen, um sicherzustellen, dass er so schmeckt, wie Sie es möchten. Und haben Sie keine Angst, Anpassungen vorzunehmen. Oft sind die besten Smoothies die, die ein bisschen verzwickt in der Herstellung waren.

- Wenn Sie einer Mischung mehr Geschmack geben oder sie einfach nur süßer haben wollen, fügen Sie maßvoll eines der auf Seite 24 – 27 genannten Süßungsmittel dazu. Rezepte, in denen ein Süßungsmittel als Option enthalten ist, sind schon von Natur aus ziemlich süß, aber als Meister Ihres Mixers ermutige ich Sie, das selbst zu entscheiden.

- Ist ein Smoothie für Ihren Geschmack zu süß, geben Sie zusätzlich Wasser, Eiswürfel, Gemüse oder gesunde Fette (wie Nüsse) hinzu, um einen Ausgleich herzustellen.

- Verwenden Sie nur Nüsse und Samen, bei denen die Schalen vollständig entfernt sind und kein Salz zugesetzt wurde. Nussbutter wie Mandelbutter sollte ebenfalls ungesalzen und ungesüßt sein.

- Wählen Sie beim Kauf von pflanzlicher Milch stets ungesüßte, geschmacksneutrale Sorten, oder suchen Sie nach der Milch mit dem niedrigsten Zuckergehalt.

- Bei der Kokosmilch, die in diesen Rezepten vorkommt, handelt es sich um die aus dem Tetra-Pack und nicht um die viel reichhaltigere Variante aus der Dose. Wenn nicht verfügbar, mischen Sie ¼ Tasse Kokosmilch aus der Dose mit ¾ Tasse Wasser und ersetzen damit 1 Tasse Tetra-Pack-Kokosmilch.

- Wenn im Rezept „Orangenschale" oder „Zitronenschale" steht, ist die abgeriebene Schale von unbehandelten Zitrusfrüchten gemeint. Verwenden Sie einen Zitrusschäler oder die feinste Reibe, die Sie haben, und reiben Sie nur den farbigen Teil der Schale ab, nicht die bittere weiße Schicht.

- Wenn Sie bei der Herstellung der Smoothies Probleme mit dem Mixen haben, probieren Sie die auf Seite 56 beschriebene Einweichtechnik aus, um die Zutaten weicher zu machen. Sie können die Sachen aber auch direkt im Mixer weich werden lassen, wenn Sie mit Ihrem Smoothie schon angefangen haben.

- Ihre Smoothies werden frostiger, wenn Sie mehr Eiswürfel oder Tiefkühlprodukte zugeben. Dünnflüssiger werden sie durch Zugabe von Wasser, Saft oder pflanzlicher Milch.

- Alle Super-Smoothie-Rezepte in diesem Buch ergeben ca. 2 Portionen. Wenn Sie einen Smoothie für nur eine Person machen möchten, nehmen Sie einfach das halbe Rezept.

FRUCHTIG & LEICHT

Erfrischend, feuchtigkeitsspendend und voller sonnengereifter Früchte – Fruchtig-und-Leicht-Superfood-Smoothies machen sich die süßesten Geschenke der Natur zunutze. Zu den dabei verwendeten Superfoods gehören mild schmeckende Maqui- und Camubeeren in Pulverform, getrocknete Superbeeren wie Goji- und Maulbeeren, tiefgekühlte heimische Beeren, oft auch Chia- und Leinsamen. Die liefern Extraballaststoffe und verlangsamen die Freisetzung von Fruchtzuckern, sodass die Energie sich nachhaltiger entfaltet. Die Smoothie-Mischungen in diesem Kapitel sind besonders lecker als leichtes Frühstück oder als energetisierender Snack zum Mittag.

 = SUPERFOOD

 SCHÖNHEIT  KNOCHENSTÄRKEND  REINIGUNG/ENTGIFTUNG

 HERZGESUNDHEIT IMMUNSTÄRKEND KALORIENARM EIWEISS

HONIGMELONE-MAQUI

Wie generell bei Melonen gilt auch hier, je vorgerückter die Saison und je reifer Ihre Honigmelone ist, desto großartiger wird der fertige Smoothie. Diese Mischung verlangt nach einem schönen Sommertag, am besten ohne Schuhe.

ZWEI PORTIONEN MIT JE 475 ML

3 Tassen Honigmelone, gewürfelt

½ Tasse Kokosmilch (aus dem Tetra-Pack)

2 TL Maquipulver

1 EL Leinsamenpulver

1 EL frisch gepresster Limettensaft

2 Tassen Kokoseis (Seite 25)

Süßen nach Bedarf

Alle Zutaten gut durchmixen, bis die Mischung geschmeidig ist. Abschmecken und süßen, wenn gewünscht.

SUPERFOOD-EXTRA
1 TL Weizengraspulver dazu – so schmuggelt man zusätzliches Grün ein.

ERDBEER-KAMILLE

Manchmal, wenn ich mir abends einen Tee mache, brühe ich eine oder zwei Tassen extra auf und stelle sie nach dem Abkühlen in den Kühlschrank – als Zutat für einen Morgen-Smoothie. Der leicht süße und florale Geschmack der Kamille passt hervorragend zu spritzigen, saftigen Erdbeeren.

ZWEI PORTIONEN MIT JE 475 ML

2 Tassen tiefgekühlte Erdbeeren

½ Tasse getrocknete weiße Maulbeeren

1¾ Tassen Kamillentee (gekühlt)

2 EL frisch gepresster Zitronensaft

Süßen nach Bedarf

2 EL Chiasamen

Erdbeeren, Maulbeeren, Tee und Zitronensaft im Mixer pürieren, bis alles geschmeidig ist. Den Mixer ausschalten, probieren und gewünschtes Süßungsmittel zufügen, wenn nötig. Die Chiasamen dazugeben und den Mixer noch einmal kurz einschalten – nur lange genug, um die Zutaten zu mischen. (Wenn die Chiasamen erst am Ende eingearbeitet werden, behält der Smoothie seine geschmeidige Textur.)

SUPERFOOD-EXTRA
½ TL Camupulver für einen Vitamin-C-Schub.

ACAI-KÜRBIS

Dieser energiespendende Smoothie ist zwar cremig, dabei aber erstaunlich leicht und kann sehr gut zum Frühstück oder vor dem Workout getrunken werden. Auf jeden Fall enthält er Elektrolyte, Antioxidantien und nachhaltige komplexe Kohlehydrate.

ZWEI PORTIONEN MIT JE 300 ML

½ Tasse Kürbispüree

¼ Tasse Datteln, ohne Kerne (3–4 große Früchte)

3 EL Acaipulver

1 Tasse Kokoswasser

1 Tasse Eiswürfel

Süßen nach Bedarf

Alle Zutaten außer dem Eis im Mixer bearbeiten, bis alles geschmeidig ist. Das Eis zugeben und mixen, bis die Masse gut durchmischt und frostig ist. Abschmecken und süßen, wenn gewünscht.

SUPERFOOD-EXTRA
2 EL gemahlene Leinsamen zugeben – bringt zusätzliche Ballaststoffe und gesunde Fette.

ORANGE-GOJI

Die Schwingung dieses Superfrucht-Smoothies überträgt sich geradezu kilometerweit. Abgesehen davon, dass er schmeckt wie das spritzig-fruchtige Paradies selbst, enthält er viele immunstärkende Zutaten wie Orangen, Gojibeeren und Limetten.

ZWEI PORTIONEN MIT JE 475 ML

2 Orangen, geschält, entkernt und kleingeschnitten

1 tiefgekühlte Banane (s. unten)

⅓ Tasse getrocknete Gojibeeren

2 EL Hanfsamen

½ Tasse Kokoswasser

¼ Tasse frisch gepresster Limetten-saft

2 Tassen Eiswürfel

Süßen nach Bedarf

Alle Zutaten außer dem Eis im Mixer bearbeiten, bis die Masse geschmeidig ist. Das Eis zugeben und mixen, bis alles gut durchmischt und frostig ist. Abschmecken und süßen, wenn gewünscht.

SUPERFOOD-EXTRA
2 EL Chiasamen dazu – das verlangsamt die Freisetzung von Fruchtzuckern in den Blutstrom und fördert damit eine nachhaltige Energieabgabe.

TIEFGEKÜHLTE BANANEN

Mit tiefgekühlten Bananen lassen sich gehaltvolle, eiskalte und gesunde Smoothies zaubern. Bereiten Sie jeweils eine größere Menge für mehrere Wochen vor.

◆ Verwenden Sie die braunsten, reifsten Bananen, die Sie nur finden können. Die schmecken wirklich köstlich, wenn sie eingefroren werden.

◆ Vor dem Einfrieren entfernen Sie die Bananenschale, schneiden die Früchte in Stücke und legen sie flach in einen verschließbaren Gefrierbeutel. Das macht es später einfacher, die Bananenstücke zu verarbeiten.

◆ Gleich große Stücke vereinfachen die spätere Dosierung. Zum Beispiel könnten Sie die Bananen immer in sechs gleiche Stücke schneiden. Wenn dann in einem Rezept nach „einer tiefgekühlten Banane" verlangt wird, wissen Sie gleich, wie viele Stücke eine ganze Banane ergeben.

WASSERMELONE-ACAI

Wassermelonen-Smoothies gehören zu den trinkbaren Genüssen, die ich am liebsten mag. Diese Superfood-Variante bietet ein ganz neues Geschmackserlebnis und ist reich an Antioxidantien. Für einen extrafrostigen Smoothie frieren Sie die Wassermelonenwürfel vor dem Mixen ein (so lassen sich im Übrigen auch die Überbleibsel allzu enthusiastischer Melonenkäufe verwerten).

ZWEI PORTIONEN MIT JE 600 ML

5 Tassen Wassermelone, ohne Kerne, gewürfelt

2 EL Acaipulver

3 EL Chiasamen

1 TL frisch abgeriebene Zitronenschale

2 EL frisch gepresster Zitronensaft

¼ Tasse reiner Granatapfelsaft

2½ Tassen Eiswürfel

Süßen nach Bedarf

Alle Zutaten gut durchmixen, bis die Masse geschmeidig ist. Abschmecken und süßen, wenn gewünscht.

SUPERFOOD-EXTRA
½ TL Camupulver sorgt für einen Vitamin-C-Schub von fast 600 % der empfohlenen Tagesdosis (beide Portionen zusammen gerechnet).

MAQUI-PFIRSICH

*Kein Pfirsichrezept auf der Welt kann es mit der schieren Göttlichkeit eines frisch geernteten
Pfirsichs aufnehmen, perfekt gereift und so saftig, dass es einem den Arm entlangtropft.
Pfirsiche geben Ihren Smoothies einen wunderbar cremigen Touch, und die feine Beeren-Note
des Maquipulvers rundet das Ganze zu einem Geschmackserlebnis ab,
das so fröhlich-freudvoll ist wie ein Flirt.*

ZWEI PORTIONEN MIT JE 350 ML

1½ Tassen (tiefgekühlte) Pfirsiche

2 TL Maquipulver

½ TL Camupulver

1 EL frisch gepresster Zitronensaft

½ TL Vanilleextrakt

2 Tassen Reismilch

Süßen nach Bedarf

Alle Zutaten gut durchmixen, bis die Masse geschmeidig ist. Abschmecken und süßen, wenn gewünscht.

....

SUPERFOOD-EXTRA
2 EL getrocknete Gojibeeren zugeben.

....

SANDDORN-KAROTTE

In Russland verwendet man Sanddornbeeren oft in cremigen Drinks, gebraut aus frischen Beeren, Karottensaft und Buttermilch – eine Kombination, die vielleicht etwas fragwürdig erscheint, aber erstaunlich süchtig macht. Dieses Rezept transformiert das erstaunliche Gebräu zu einem zutiefst erfrischenden Superfood-Smoothie … mit außerordentlichem (und, wie ich zu sagen wage, deutlich optimiertem) Genuss-Faktor.

ZWEI PORTIONEN MIT JE 475 ML

⅓ Tasse rohe Cashewkerne

¼ Tasse Datteln, ohne Kerne (3–4 große Früchte)

1½ Tassen frischer Karottensaft

¼ Tasse Sanddornsaft

2 Tassen Kokoseis (Seite 25)

1 Tasse Eiswürfel

Süßen nach Bedarf

Mixen Sie die Cashewkerne, die Datteln, den Karotten- und den Sanddornsaft gut durch, bis die Masse cremig ist. Geben Sie die zwei Eissorten dazu und mixen alles noch einmal zu einer frostigen Masse. Obwohl die Mischung schon von Haus aus süß ist, sollten Sie sie abschmecken und eventuell noch nachsüßen.

SUPERFOOD-EXTRA
3 EL Chiasamen geben dem Smoothie zusätzliche Ballaststoffe – so macht er länger satt.

ANANAS-PAPAYA

Mit ihrer delikaten Süße macht die Papaya diesen Smoothie cremig, zugleich aber angenehm leicht.
Je weicher und reifer die Papaya, desto besser eignet sie sich für diesen Smoothie.

ZWEI PORTIONEN MIT JE 475 ML

1 Tasse tiefgekühlte Ananas-
stücke

1⅓ Tassen frische Papaya,
geschält, ohne Kerne und
kleingeschnitten

⅓ Tasse getrocknete Goji-
Beeren

2 EL Lucumapulver

⅓ Tasse frisch gepresster
Limettensaft

1¼ Tassen Kokosmilch (aus dem
Tetra-Pack)

Süßen nach Bedarf

Alle Zutaten gut durchmixen, bis die Masse geschmeidig ist. Abschmecken und süßen, wenn gewünscht.

SUPERFOOD-EXTRA
1 TL Weizengraspulver sorgt für nahrhafte Entgiftung.

GRANATAPFEL-ORANGE

Die überraschenden natürlichen Geschmacksnoten dieser fruchtigen Mischung können eine eingefahrene Smoothie-Routine schnell ein wenig aufrütteln.

ZWEI PORTIONEN MIT JE 350 ML

1 Orange, geschält, entkernt und kleingeschnitten

2 EL getrocknete Gojibeeren

¾ TL frisch abgeriebene Orangenschale

¼ TL Zimt

¾ Tasse Granatapfelsaft

2 Tassen Mandeleis (Seite 25)

Süßen nach Bedarf

Alle Zutaten gut durchmixen, bis die Masse geschmeidig und frostig ist. Abschmecken und süßen, wenn gewünscht.

SUPERFOOD-EXTRA
2 EL Hanfsamen dazu – das bringt die Ernährung mit ein paar besonders gesunden essentiellen Fettsäuren ins Gleichgewicht.

ERDBEER-KOMBUCHA

In seiner Einfachheit und Köstlichkeit erinnert mich dieser Mix an Erdbeeren und Champagner …
allerdings von der Art, die man auch um zwei Uhr nachmittags an einem Montag genießen kann.
Kombucha ist ein fermentiertes Getränk, das wunderbar für die Verdauung ist.
Sie finden es im Kühlregal der meisten Bioläden.

ZWEI PORTIONEN MIT JE 350 ML

- 2 Tassen tiefgekühlte Erdbeeren
- 2 Tassen Kombucha (Original-Geschmack)
- 2 TL Maquipulver
- Süßen nach Bedarf
- 1 EL Chiasamen

Erdbeeren, Kombucha und Maquipulver gut durchmixen. Abschmecken und süßen, wenn gewünscht. Dann die Chiasamen zugeben. Den Mixer noch einmal kurz einschalten, um alles gut durchzumischen.

SUPERFOOD-EXTRA
2 EL getrocknete Gojibeeren zugeben.

HEIDELBEER-GOJI

Grüner Tee und Chia-Gel machen diesen ruhigen Smoothie extra leicht und kraftvoll.

ZWEI PORTIONEN MIT JE 475 ML

- 3 EL getrocknete Gojibeeren
- ¼ Tasse Datteln, ohne Kerne (3 – 4 große Früchte)
- 1½ Tassen fertig zubereiteter grüner Tee (gekühlt)
- 1 Tasse tiefgekühlte Heidelbeeren
- 1 Tasse tiefgekühlte Erdbeeren
- 1 TL Vanilleextrakt
- ½ Tasse Chia-Gel (Seite 37)
- Süßen nach Bedarf

Gojibeeren, Datteln und grünen Tee gut durchmischen, bis die Masse geschmeidig ist. Die restlichen Zutaten zugeben und mixen, bis ein frostiger Smoothie entstanden ist. Abschmecken und nachsüßen, wenn gewünscht.

SUPERFOOD-EXTRA
1 TL Maquipulver zugeben.

HIMBEER-PFIRSICH

Ein Sommerdrink, wie er sommerlicher nicht sein kann! Je nachdem, wie viel natürlichen Zucker Ihre Früchte enthalten, profitiert diese Mischung möglicherweise von ein wenig zusätzlicher Süße, damit die Aromen noch besser zur Geltung kommen.

ZWEI PORTIONEN MIT JE 475 ML

1½ Tassen frische Pfirsiche, entsteint und kleingeschnitten

1½ Tassen tiefgekühlte Himbeeren

¼ Tasse Datteln, ohne Kerne (3 – 4 große Früchte)

1 Tasse ungesüßte Mandelmilch

2 EL Chiasamen

¼ TL Vanilleextrakt

2 Tassen Eiswürfel

Süßen nach Bedarf

Alle Zutaten außer dem Eis mixen, bis eine geschmeidige Masse entstanden ist. Eis dazugeben und weitermixen, bis der Smoothie frostig ist. Abschmecken und nach Belieben süßen.

SUPERFOOD-EXTRA
Nehmen Sie statt der Datteln getrocknete Maulbeeren.

CRANBERRY-ORANGE

Cranberrys und Orangen sind das ideale Geschmackspaar … und wenn dann noch Gojibeeren hinzukommen, haben wir die ideale Ménage à trois. Aber in Smoothies ist immer noch Platz für einen mehr. Daher mische ich gern auch das optionale Superfood-Extra Acaipulver dazu.

ZWEI PORTIONEN MIT JE 475 ML

- ¾ Tasse frische oder tiefgekühlte ganze Cranberrys
- ¼ Tasse getrocknete Gojibeeren
- 1 Tasse reife Birne, kleingeschnitten
- 1 EL Leinsamenpulver
- 1½ Tassen Orangensaft
- 2 Tassen Eiswürfel
- Süßen nach Bedarf

Alle Zutaten außer dem Eis mixen, bis eine geschmeidige Masse entstanden ist. Eis dazugeben und weitermixen, bis der Smoothie frostig ist. Abschmecken und nach Belieben süßen.

SUPERFOOD-EXTRA
1 EL Acaipulver dazugeben.

KOKOS-GOJI

Wenn Sie noch nie ein paar Esslöffel Gojibeeren in Kokoswasser getaucht haben – noch nie diesen süßen, geschmacksintensiven, hydratisierenden „Tee" getrunken und anschließend die prallen Beeren als besonderes Extra genossen haben –, bitte ich Sie mit allem Respekt, dieses Buch hinzulegen und genau das jetzt zu tun. (Weichen Sie die Beeren 15–30 Minuten lang ein, bevor Sie sie konsumieren.) Dies ist das Rezept für die Smoothie-Version dieser einfachen Köstlichkeit … und sie erinnert mich ein bisschen an den besten frisch gepressten Karottensaft aller Zeiten (vermutlich wegen der enormen Menge an Carotin-Antioxidantien in den Gojibeeren).

ZWEI PORTIONEN MIT JE 350 ML

- ⅓ Tasse getrocknete Gojibeeren
- ¼ Tasse geraspeltes Kokosfleisch (ungesüßt)
- 2 EL Hanfsamen
- 1 Tasse Kokoswasser
- 2 Tassen Kokoseis (Seite 25)
- Süßen nach Bedarf

Alle Zutaten außer dem Eis mixen, bis eine geschmeidige Masse entstanden ist. Eis dazugeben und weitermixen, bis der Smoothie frostig ist. Abschmecken und nach Belieben süßen.

SUPERFOOD-EXTRA
Obwohl er nicht zu unseren ausgewiesenen Superfoods zählt, ist ein wenig entzündungshemmender Ingwer eine wunderbare Ergänzung für diesen Smoothie. Nach Geschmack einsetzen.

RHABARBER-MINZE

Rhabarber taucht meistens nur im sprichwörtlichen Rhabarberkuchen auf, aber ich verwende ihn gern auch roh und erlaube ihm, ein herbes Element ins Spiel zu bringen, einen fröhlich-frischen Geschmack für meine Smoothies. Tiefgekühlten Rhabarber kann man in manchen Geschäften kaufen, oder schneiden Sie einfach frischen Rhabarber in Stücke und frieren ihn selbst ein. (Bitte beachten Sie, dass Rhabarberblätter giftig sind. Verwenden Sie nur die roten Stängel.)

ZWEI PORTIONEN MIT JE 475 ML

1½ Tassen tiefgekühlter Rhabarber

⅓ Tasse getrocknete Gojibeeren

¼ Tasse Datteln, ohne Kerne (3–4 große Früchte)

¼ Tasse Hanfsamen

1 EL frische Minze, gehackt

1½ Tassen Orangensaft

2 Tassen Eiswürfel

Süßen nach Bedarf

Alle Zutaten außer dem Eis mixen, bis eine geschmeidige Masse entstanden ist. Eis dazugeben und weitermixen, bis der Smoothie frostig ist. Abschmecken und nach Belieben süßen.

SUPERFOOD-EXTRA
Als Beigabe ½ TL Camupulver.

PFIRSICH & SAHNE

Frische Pfirsiche haben geschmacklich so viel mehr zu bieten als tiefgekühlte. Ihr Geschmack ist unvergleichlich, besonders in der Hochsaison. In den Sommermonaten, wenn ich wahrscheinlich wieder viel mehr Pfirsiche eingekauft habe, als ich auf einmal essen könnte, taucht dieser Smoothie regelmäßig auf meinem täglichen Speiseplan auf. Am liebsten mag ich ihn mit etwas Stevia, das den Pfirsichgeschmack noch betont.

ZWEI PORTIONEN MIT JE 475 ML

3 Tassen frische Pfirsiche, entsteint und kleingeschnitten

1 tiefgekühlte Banane (Seite 73)

1 EL Chiasamen

1 EL Gojibeeren

2 Tassen Kokosmilch

1 EL frisch gepresster Zitronensaft

½ TL Vanilleextrakt

Süßen nach Bedarf

Alle Zutaten gut durchmischen, bis die Masse geschmeidig ist. Abschmecken und süßen, wenn gewünscht.

SUPERFOOD-EXTRA
1 EL Hanfsamen zugeben.

MAULBEER-PFLAUME

Wenn Sie Pflaumen (oder Pfirsiche oder überhaupt irgendein Steinobst) entsteinen, machen Sie das am besten über derselben Schüssel, in die Sie das Fruchtfleisch schneiden. Auf diese Weise gelangt auch noch der letzte Tropfen des köstlich-frischen Safts dahin, wo er hingehört: in den Smoothie.

ZWEI PORTIONEN MIT JE 475 ML

- ¾ Tasse tiefgekühlte Erdbeeren
- ¾ Tasse tiefgekühlte Kirschen
- ¼ Tasse getrocknete weiße Maulbeeren
- 1½ Tassen Pflaumen, entsteint, gewürfelt
- 2 EL Acaipulver
- ½ Tasse Wasser
- 1 TL Vanilleextrakt
- 1 Tasse Eiswürfel
- Süßen nach Bedarf

Alle Zutaten außer dem Eis mixen, bis eine geschmeidige Masse entstanden ist. Eis dazugeben und weitermixen, bis der Smoothie frostig ist. Abschmecken und nach Belieben süßen.

....

SUPERFOOD-EXTRA
2 EL Hanfsamen zugeben.

....

SANDDORN-FEIGE

Eine Zeitlang wohnte ich in einem Haus mit einem Feigenbaum davor. Der sorgte dafür, dass sich der August in jenen drei Jahren meines Lebens immer wieder zu einer Monumental-Schlacht der Gierigen entwickelte: ich gegen die Eichhörnchen. Leider fanden die Eichhörnchen und ich nie zu einer vernünftigen Lösung, aber ich erfuhr damals am eigenen Leib, wie viel Freude es bereitet, ultrareife Feigen in dicke Smoothies zu mischen. Feigen sorgen im Prinzip für eine zurückhaltend süße Cremigkeit, die in der Regel schwereren Zutaten vorbehalten ist. Sie sind der perfekte Ausgleich für den Geschmack des Sanddorns, der einem den Mund ein wenig zusammenzieht.
Das Resultat ist ein geschmacklich komplexer Smoothie mit vielen Nuancen.

ZWEI PORTIONEN MIT JE 475 ML

1½ Tassen frische Feigen, ohne Stiel, in Viertel geschnitten

2 große Datteln, ohne Kerne

3 EL Sanddornsaft

1 EL Lucumapulver

½ EL Mandelbutter

½ Tasse Apfelsaft

½ Tasse ungesüßte Mandelmilch

2 Tassen Eiswürfel

Süßen nach Bedarf

Alle Zutaten außer dem Eis mixen, bis eine geschmeidige Masse entstanden ist. Eis dazugeben und weitermixen, bis der Smoothie frostig ist. Abschmecken und nach Belieben süßen.

SUPERFOOD-EXTRA
2 EL Chiasamen zugeben.

CANTALOUPE-PFIRSICH

Die sanften Aromen saftiger Sommerfrüchte vereinen sich in dieser erfrischenden,
verjüngenden Mischung.

ZWEI PORTIONEN MIT JE 475 ML

1 Tasse Cantaloupe (Zucker-
melone), kleingeschnitten

1 Tasse tiefgekühlte Erdbeeren

2 Tassen Pfirsiche,
kleingeschnitten

2 EL Lucumapulver

¼ TL Camupulverr

2 EL Sanddornsaft

1 Tasse Kokoswasser

¼ Tasse frisch gepresster
Limettensaft

Süßen nach Bedarf

Die Cantaloupe zunächst im Mixer zu einem eigenen Saft verarbeiten. Die restlichen Zutaten hinzufügen und erneut mixen, bis
ein frostiger Smoothie entstanden ist. Abschmecken und nach
Belieben süßen.

....

SUPERFOOD-EXTRA
1 TL Weizengraspulver oder frisches Grün nach Belieben.

....

GRAPEFRUIT-GRANATAPFEL

Grapefruit hat einen dominierenden Geschmack, der gern im Zentrum der Aufmerksamkeit steht. Das ist ein Grund, warum sie nur selten in Smoothies verwendet wird, die ja eher so etwas wie Teamsport sind. Hier steht Grapefruit zwar immer noch im Rampenlicht, wirkt aber schön mit den anderen Früchten zusammen. Resultat: ein sehr vollmundiges Aroma.

ZWEI PORTIONEN MIT JE 415 ML

- 2 Tassen tiefgekühlte Erdbeeren
- 1½ Tassen Grüntee-Eis (Seite 25)
- 1 Tasse Grapefruit, geschält, entkernt und kleingeschnitten
- 1½ Tassen Granatapfelsaft
- 2 TL Maquipulver
- ½ TL Ingwerpulver
- Süßen nach Bedarf

Alle Zutaten gut durchmixen, bis die Masse frostig ist. Abschmecken und süßen, wenn gewünscht.

SUPERFOOD-EXTRA
2 EL Hanfsamen zugeben.

ERDBEER-GURKE

*Die Zutaten für dieses leichte und freundliche Rezept enthalten wenig Zucker,
sind besonders feuchtigkeitsspendend, voller Mineralien für die Schönheit und daher Nahrungsmittel,
die das innere Feuer schüren. Scheuen Sie sich nicht, ein wenig Süßungsmittel zuzugeben,
um die Aromen auf ganz neue Höhen zu bringen.*

ZWEI PORTIONEN MIT JE 475 ML

- 2 Tassen tiefgekühlte Erdbeeren
- 2 Tassen Gurke, geschält und kleingeschnitten
- ¼ Tasse Sellerie, gehackt
- ¼ Tasse rohe Cashewkerne
- 2 EL frisch gepresster Zitronensaft
- ½ gehäufter TL frische Minze, gehackt
- 1 Tasse Wasser
- Süßen nach Bedarf

Alle Zutaten gut durchmixen, bis die Masse geschmeidig ist. Abschmecken und süßen, wenn gewünscht.

SUPERFOOD-EXTRA
2 EL getrocknete Gojibeeren zugeben.

KAROTTE-KARDAMOM

Kardamom hat etwas sehr Aufregendes an sich – er fühlt sich positiver an, frischer als viele der wärmeren Gewürze wie Muskat oder sogar Zimt. Zusammen mit Sonnenblumenkernen (welche die köstlichste „Milch" ergeben, wenn sie mit Wasser gemixt werden) macht er diesen süßen Karotten-Smoothie ziemlich speziell. Ich kann Ihnen nur empfehlen, diesen Smoothie mit dem optionalen Kakaobohnensplitter-Extra zu probieren, schon wegen der Geschmackskombination, die Sie ganz unerwartet überwältigt.

ZWEI PORTIONEN MIT JE 475 ML

¼ Tasse Sonnenblumenkerne

1½ Tassen Kokoswasser

1 tiefgekühlte Banane (Seite 73)

2 Tassen Eiswürfel

2 EL Gojibeeren

1 EL Leinsamenpulver

¼ TL Kardamompulver

½ Tasse Karottensaft

Süßen nach Bedarf

Zunächst die Sonnenblumenkerne und das Kokoswasser zu einer geschmeidigen „Milch" pürieren. Die restlichen Zutaten dazugeben und alles mixen, bis die Masse geschmeidig ist. Abschmecken und süßen, wenn gewünscht.

SUPERFOOD-EXTRA

Nachdem Sie den Smoothie wie oben beschrieben gemixt haben, geben Sie ¼ Tasse Kakaobohnensplitter dazu. Mixen, bis die Flocken aufgebrochen sind, aber noch ein wenig Biss haben.

MANGO-CHILI

Süß und tropisch mit einer Spur von Gewürz … Der Schlüssel zur Herstellung dieses Smoothies
ist die Verwendung von Chilipulver, das ausschließlich aus roten Chilis gemacht ist,
also ohne Beimischung anderer Gewürze (wie Oregano und Knoblauch), die für Smoothie-Zwecke
zu herzhaft wären. Wenn Sie kein reines Chilipulver finden können, nehmen Sie stattdessen
eine frische rote Jalapeño-Pfefferschote ohne Kerne.

ZWEI PORTIONEN MIT JE 475 ML

2½ Tassen tiefgekühlte Mangostücke

3 EL Hanfsamen

2 EL getrocknete Gojibeeren

Chilipulver (wie oben be-
schrieben)

1½ Tassen Apfelsaft

1 Tasse Wasser

2 EL frisch gepresster
Limettensaft

Süßen nach Bedarf

Alle Zutaten durchmixen, bis die Masse geschmeidig ist. Abschmecken und süßen, wenn gewünscht.

SUPERFOOD-EXTRA
1 EL Chiasamen bringt zusätzliche Ballaststoffe.

GRÜN & DYNAMISCH

Die Revolution der grünen Smoothies – von süß bis pfeffrig – ist in vollem Gange, und das aus gutem Grund. Geben Sie einem gesunden Smoothie einen zusätzlichen Kick mit grünem Blattgemüse. Erstaunlicherweise mischt sich das Grünzeug so perfekt mit aromareichen Früchten und Superfoods, dass als einzige Erinnerung an seine wohltuende Präsenz das Markenzeichen dieser Smoothies bleibt: die leuchtend grüne Farbe. Frisches und tiefgekühltes Blattgemüse aller Art eignet sich hervorragend als Zutat, ebenso gefriergetrocknetes Pulver, etwa aus Weizengras, und gelegentlich auch Chlorella- oder Spirulina-Algen. Mit ihren zahlreichen Vorzügen sind diese Mischungen ein revolutionäres Mittel für diejenigen, die ihre Ernährung ein wenig grüner gestalten möchten. Grüne Smoothies geben Energie, die Sie buchstäblich fühlen können. Sie eignen sich daher ganz hervorragend als Einstieg in den Tag, können aber auch zu jeder anderen Tageszeit genossen werden … sogar als leichtes Abendessen.

✳ = SUPERFOOD

 SCHÖNHEIT  KNOCHENSTÄRKEND  REINIGUNG/ENTGIFTUNG

 HERZGESUNDHEIT  IMMUNSTÄRKEND  KALORIENARM  EIWEISS

BANANE-ROMANA

Das leichte Aroma des Romana- oder Römersalats ist wie ein Luftzug, der in einen Smoothie wirbelt. Wegen ihres milden Geschmacks verwende ich für Smoothies besonders gern Romana-Herzen. Die Chlorella-Algen können Sie nach Belieben gegen ein anderes Grünpflanzenpulver austauschen, etwa Weizengraspulver.

ZWEI PORTIONEN MIT JE 475 ML

2 tiefgekühlte Bananen (Seite 73)

3 gehäufte Tassen Romana-Salatblätter, fein gehackt

½ TL Chlorellapulver

1 TL Vanilleextrakt

1½ Tassen Kokoswasser

1 Tasse Mandeleis (Seite 25)

Süßen nach Bedarf

Alle Zutaten gut durchmixen, bis die Masse geschmeidig ist. Abschmecken und süßen, wenn gewünscht.

....

SUPERFOOD-EXTRA
1 EL Acaipulver für Anthocyan-Antioxidantien zugeben.

....

INGWER-BIRNE

Die grüne Farbe dieses Smoothies verrät zwar, wie gesund er ist,
aber das Obst und der frische Ingwer sind die einzigen Zutaten, die man herausschmeckt.
Wenn Sie's maximal süß wollen, nehmen Sie Birnen, die so reif sind, dass sie schon weich werden.

ZWEI PORTIONEN MIT JE 350 ML

2 Tassen reife Birne, gewürfelt

⅓ Tasse getrocknete weiße Maulbeeren

2 TL frischer Ingwer, geschält und fein gehackt

2 Tassen Tiefkühlspinat, nicht aufgetaut, gehackt

1¾ Tassen ungesüßte Mandelmilch

Süßen nach Bedarf

Alle Zutaten gut mixen, bis die Masse geschmeidig ist. Abschmecken und süßen, wenn gewünscht.

SUPERFOOD-EXTRA
2 EL Hanfsamen zugeben – für gesunde Fette und Eiweiß.

GURKE-MINZE

Diese umwerfende Mischung, der Inbegriff der Erfrischung, kühlt und ist wunderbar für die Haut.
Ich nehme gern nur einen Hauch Süßungsmittel und lasse das feine Aroma der Gurke für sich sprechen.
Bei einer Bio-Gurke lässt sich auch die Schale verwenden.
Sie versorgt Ihren Smoothie mit einer Extraportion Mineralien.

ZWEI PORTIONEN MIT JE 475 ML

3 Tassen Gurke, gewürfelt
(geschält, wenn nicht Bio)

¼ Tasse rohe Cashewkerne

¼ gehäufte Tasse frische Minze-
blätter, fein gehackt

2 gehäufte Tassen junger Spinat

1 EL frisch gepresster Zitronensaft

3 Tassen Kokoseis (Seite 25)

Süßen nach Bedarf

Alle Zutaten außer dem Kokoseis gut mixen, bis die Masse geschmeidig ist. Dann das Kokoseis dazugeben und alles noch einmal mixen. Süßen nach Belieben.

....

SUPERFOOD-EXTRA

½ TL Camupulver zugeben – für einen extra Vitamin-C-Schub.
Das ist gut für die Haut.

....

APFEL-RUCOLA

Statt den ausgeprägten Geschmack des Rucola irgendwie übertönen zu wollen,
zelebriert ihn dieser hellgrüne Smoothie in einer erfrischenden, knackig schmeckenden Mischung.

ZWEI PORTIONEN MIT JE 475 ML

1 sehr reife Birne

2 EL Hanfsamen

1 gehäufte Tasse Rucola

3 EL frisch gepresster Zitronensaft

1½ Tassen Apfelsaft

1 Tasse Eiswürfel

Süßen nach Bedarf

Alle Zutaten gut durchmixen, bis eine geschmeidige Masse entstanden ist. Abschmecken und nach Belieben süßen.

SUPERFOOD-EXTRA
½ TL Camupulver zugeben.

MANGO-KOKOS

*Dieses Rezept für einen Smoothie, hellgrün im Farbton und erfrischend im Geschmack,
ist großartig für jeden, der grüne Smoothies von der Idee her zwar irgendwie gut findet,
sich aber erst mal langsam mit ihnen anfreunden möchte. Das Weizengras fällt nämlich gar nicht auf.*

ZWEI PORTIONEN MIT JE 475 ML

1½ Tassen tiefgekühlte
   Mangostücke

1 Tasse Kokoseis (Seite 25)

1½ Tassen Kokosmilch (aus dem
   Tetra-Pack)

1 sehr reife Birne

1½ EL Lucumapulver

1 TL Weizengraspulver

2 EL Chiasamen

Süßen nach Bedarf

Alle Zutaten gut durchmixen, bis eine geschmeidige Masse entstanden ist. Abschmecken und nach Belieben süßen.

SUPERFOOD-EXTRA
½ TL Camupulver zugeben.

LUCUMA-LIMETTE

Bei einer so cremigen Köstlichkeit könnte man fast meinen, es sei Joghurt drin!

ZWEI PORTIONEN MIT JE 475 ML

1½ Tassen Tiefkühlspinat, nicht aufgetaut, gehackt

1 tiefgekühlte Banane (Seite 73)

3 EL Avocado, zerdrückt

2 EL Lucumapulver

¼ Tasse frisch gepresster Limettensaft

2 Tassen Kokoswasser

Süßen nach Bedarf

Alle Zutaten gut durchmixen, bis eine geschmeidige Masse entstanden ist. Abschmecken und nach Belieben süßen.

SUPERFOOD-EXTRA
2 EL Hanf-Proteinpulver zugeben.

SÜSSE MANDEL

Diese köstliche Mischung schmeckt beinahe wie ein Milchshake. Das liegt vor allem daran, dass tiefgekühlter Spinat fast ohne Eigengeschmack ihre Struktur bestimmt. Wenn Sie Mandelextrakt (lecker!) zur Hand haben, werden ein oder zwei Tropfen davon den Geschmack des Smoothies noch erheblich verbessern.

ZWEI PORTIONEN MIT JE 475 ML

1 tiefgekühlte Banane (Seite 73)

1 Tasse Tiefkühlspinat, nicht aufgetaut, gehackt

²⁄₃ Tasse frische Mango, geschält, entsteint und gewürfelt

2 EL Hanfsamen

1¾ Tassen ungesüßte Mandelmilch

1 Tasse Eiswürfel

Süßen nach Bedarf

Alle Zutaten gut durchmixen, bis die Masse geschmeidig ist. Abschmecken und süßen wie gewünscht.

....

SUPERFOOD-EXTRA
1 TL Weizengraspulver zugeben – für noch mehr Grünschub.

....

ANANAS-BRUNNENKRESSE

Brunnenkresse zählt zum kraftvollsten Grünzeug unter den Salaten, und ihre Eigenschaft als Anti-Karzinogen ist wissenschaftlich gut erforscht. Sie ist also ein wahrer Vorkämpfer gesunder Ernährung, doch ihre Vorzüge zu nutzen, kann etwas verzwickt werden. Brunnenkresse ist würzig, pfeffrig, ein wenig beißend im Geschmack und daher nicht gerade das Grün, das in einem Smoothie leicht „maskiert" werden könnte, höchstens ausgeglichen. Allerdings mildern Ananas und Avocado seinen Biss höchst wirksam ab, und ein wenig zusätzliche Süße macht diese Mischung ausgesprochen verführerisch.

ZWEI PORTIONEN MIT JE 475 ML

½ Tasse tiefgekühlte Ananas-stücke

1 Tasse sehr reife Birne, kleingeschnitten

¼ Tasse Avocado, zerdrückt

1 gehäufte Tasse Brunnenkresse

½ TL Camupulver

1½ Tassen Ananassaft

2 Tassen Grüntee-Eis (Seite 25)

Süßen nach Bedarf

Alle Zutaten außer dem Eis im Mixer bearbeiten, bis die Masse geschmeidig ist. Das Eis zugeben und mixen, bis der Smoothie gut durchmischt und frostig ist. Abschmecken und nach Belieben süßen.

SUPERFOOD-EXTRA
1 EL Chiasamen zugeben.

GRÜNTEE-BIRNE

*Mit dem stoffwechselanregenden grünen Tee und dem sättigenden, dabei jedoch kalorienarmen
Chia-Gel hilft dieser Smoothie auf erfrischende Art und Weise beim gesunden Abnehmen.
Von den in diesem Buch vorgestellten Smoothies ist dies der leichteste
und der mit den wenigsten Kalorien.*

ZWEI PORTIONEN MIT JE 475 ML

3 Tassen sehr reife Birnen,
kleingeschnitten

1½ Tassen grüner Tee, gekühlt

1 Tasse Chia-Gel (Seite 37)

1 TL Weizengraspulver

Süßen nach Bedarf

Alle Zutaten gut durchmixen, bis die Masse geschmeidig ist. Abschmecken und süßen wie gewünscht.

SUPERFOOD-EXTRA
20 Tropfen (oder mehr) Chlorophyllkonzentrat zugeben.
Das verstärkt die Energie … und die Farbe.

SCHOKOLADE-GRÜNKOHL

Es gibt vielleicht Menschen, die kein Grünzeug mögen, aber fast alle mögen Schokolade – und das ist alles, was Sie aus diesem dicken, wunderbar unwiderstehlichen Shake herausschmecken werden.

ZWEI PORTIONEN MIT JE 475 ML

2 tiefgekühlte Bananen (Seite 73)

1 Tasse Eiswürfel

1½ gehäufte Tassen Grünkohl, fein gehackt

3 EL Kakaobohnensplitter

2 EL Kakaopulver

1½ Tassen Reismilch

Süßen nach Bedarf

Alle Zutaten gut durchmixen, bis die Masse geschmeidig ist. Abschmecken und süßen wie gewünscht.

SUPERFOOD-EXTRA
2 EL Hanfsamen zugeben – für gesunde Fette.

MINZE-CHIP

Versteckt hinter einem sehr überzeugenden eiscremeartigen Geschmack, erwartet Sie in diesem Smoothie ein wahrer Schatz an gesundem Spinat. Er schmeckt so gut, dass man sich fast fragt, warum Spinat nicht in sämtlichen Minze-Köstlichkeiten verwendet wird. Ich mag besonders, wie die Kakaobohnensplitter ein wenig von der Knusprigkeit dunkler Schokolade ins Spiel bringen, ohne dabei dominierend zu sein.

ZWEI PORTIONEN MIT JE 530 ML

- 2 Tassen Tiefkühlspinat, nicht aufgetaut, gehackt
- 2 Tassen tiefgekühlte Bananen (Seite 73)
- ¼ Tasse rohe Cashewkerne
- 3 EL Kakaobohnensplitter
- 2 gehäufte EL frische Minze, fein gehackt
- 1 TL Vanilleextrakt
- 2 Tassen Reismilch
- ½ Tasse Kokoswasser
- Süßen nach Bedarf

Alle Zutaten gut durchmixen, bis die Masse geschmeidig ist. Abschmecken und süßen wie gewünscht.

SUPERFOOD-EXTRA
¼ TL Chlorella-Algenpulver beigeben
(oder auch mehr, ganz nach Belieben).

GRÜNE PROTEINE

Was kommt heraus, wenn sich zwei der beliebtesten Power-Mischungen – Protein-Shakes und grüne Smoothies – zusammentun? Diese cremige Köstlichkeit. Wir sprechen hier von einem großartigen Mittagessen oder sogar von einem unschlagbar gesunden Abendessen.

ZWEI PORTIONEN MIT JE 475 ML

⅔ Tasse Sellerie, gehackt

⅓ Tasse getrocknete weiße Maulbeeren

1½ Tassen ungesüßte Mandelmilch

2 gehäufte Tassen junger Spinat

3 EL Hanf-Proteinpulver

2 EL Mandelbutter

2 Tassen Mandeleis (Seite 25)

Süßen nach Bedarf

Alle Zutaten außer dem Eis gut durchmixen, bis die Masse geschmeidig ist. Das Eis dazugeben und noch einmal mixen, bis alles schön cremig ist. Abschmecken und nach Belieben süßen.

SUPERFOOD-EXTRA
Eine Extraportion Hanfsamen nach Geschmack zugeben – das bringt noch mehr Protein und gesunde Fette.

ZITRONE-LIMETTE

Bringen wir die Wahrheit ans Licht: Zum ersten Mal habe ich eine Variante dieses sorbetartigen Smoothies als eine der „gesunden Margaritas" ausprobiert, die ich von Zeit zu Zeit mache. (Ja, ich mische Superfoods in meine Cocktails … warum denn nicht?) Aber Tequila-Talk beiseite, diese Version besitzt immer noch den herben Geschmack einer Margarita, allerdings bei ansonsten deutlich überwiegenden Vorzügen.
Sie werden diesen Smoothie definitiv ein wenig süßen wollen – seine saure Zitrusnote ist ziemlich dominant. Ich nehme in der Regel 15 Tropfen Stevia pro Mixer-Füllung und gebe als besonderen Leckerbissen einen Esslöffel Kokoszucker dazu.

ZWEI PORTIONEN MIT JE 475 ML

3 gehäufte Tassen junger Pak Choi, fein geschnitten

2½ Tassen Kokoseis (Seite 25)

½ TL frisch abgeriebene Zitronenschale

¼ Tasse frisch gepresster Zitronensaft

¼ Tasse frisch gepresster Limettensaft

1 Tasse Kokoswasser

Süßen nach Bedarf

Alle Zutaten gut durchmixen, bis eine frostige und zugleich geschmeidige Masse entstanden ist. Abschmecken und nach Belieben süßen.

SUPERFOOD-EXTRA
1 TL Weizengraspulver zugeben.

SESAM-APFEL

*Ich bin geradezu besessen davon, Sesampaste in herzhaften Rezepten zu verwenden.
Sie passt sehr gut zu pflanzlichen Lebensmitteln und bietet mühelos das gewisse Extra,
das ein Rezept manchmal braucht, um ein Star unter den Köstlichkeiten zu werden.
Tahin in Smoothies zu verwenden, ist überraschend lohnend. Hier trifft die Sesampaste
in einem leicht süßen Kontext auf einen ihrer guten Freunde, den Grünkohl.*

ZWEI PORTIONEN MIT JE 475 ML

1 tiefgekühlte Banane (Seite 73)

2 gehäufte Tassen Grünkohl, fein geschnitten

1 EL Tahin (Sesampaste), ungesalzen

½ TL Ingwerpulver

1½ Tassen Apfelsaft

2 Tassen Grüntee-Eis (Seite 25)

Süßen nach Bedarf

Alle Zutaten außer dem Eis gut mixen, bis die Masse geschmeidig ist. Das Eis dazugeben und erneut mixen, bis der Smoothie frostig ist. Abschmecken und süßen, wenn gewünscht.

SUPERFOOD-EXTRA
½ TL Camupulver zugeben.

SÜSSE ERBSE

Von Haus aus cremig und mit ihrer leichten Süße eignen sich Erbsen, ob tiefgekühlt oder gekocht,
als wunderbare Smoothie-Zutat. Außerdem sind sie ein guter Eiweiß-Lieferant.
Dieser Mix mit seiner gesunden Portion frischer Petersilie putzt richtig durch,
denn die ist in hohem Maße basisch und voller Mineralstoffe.

ZWEI PORTIONEN MIT JE 475 ML

¼ Tasse rohe Cashewkerne

1½ Tassen Apfelsaft

1 Tasse Wasser

2 Tassen (tiefgekühlte) Erbsen

½ Tasse frische Petersilienblätter,
gehackt

1 EL frische Minze, gehackt

¼ TL Camupulver

Süßen nach Bedarf

Alle Zutaten gut durchmixen, bis die Masse geschmeidig ist. Abschmecken und süßen wie gewünscht.

SUPERFOOD-EXTRA
2 EL Hanf-Proteinpulver machen dieses Getränk
zu einem grünen Power-Protein-Shake.

ROSMARIN-ORANGE

Kulinarisch gesehen, mag ich an Smoothies am meisten, wie einfach es ist, damit wirklich anspruchs-volle Geschmacks-Kombinationen zu kreieren – mit etwa so viel Aufwand, wie eine Waschmaschine mit einer Ladung Wäsche zu versorgen. Diese hitverdächtige Mischung ist ein leuchtendes Beispiel dafür, wie harmonisch atemberaubende natürliche Aromen zusammenwirken können.

ZWEI PORTIONEN MIT JE 475 ML

- ¼ Tasse getrocknete weiße Maulbeeren
- ¼ Tasse rohe Cashewkerne
- 3 Tassen junger Spinat
- 2 EL Avocado, zerdrückt
- 1 TL abgeriebene Orangen-schale
- 1½ TL frischer Rosmarin, gehackt
- 1½ Tassen Orangensaft
- 2 Tassen Eiswürfel
- Süßen nach Bedarf

Alle Zutaten außer dem Eis gut mixen, bis die Masse geschmeidig ist. Das Eis dazugeben und erneut mixen, bis der Smoothie frostig ist. Abschmecken und süßen wie gewünscht.

SUPERFOOD-EXTRA
½ TL Camupulver zugeben.

DOGGIE SMOOTHIE
(FRITZ' SPEZIALMISCHUNG)

*Tatsächlich, Sie können Superfood-Smoothies für Ihren Hund nicht nur zubereiten,
er wird es Ihnen auch mit viel Lecken und Schwanzwedeln danken!
Mein Schäferhund Fritz bekommt seit seiner Welpenzeit grüne Smoothies.
Sie bringen mehr Nährstoffe in sein Futter, und er mag sie so gern, dass er mit großer Geste seine
Habachtstellung schon einnimmt, wenn ich nur Anstalten mache, zum Mixer zu gehen.
Es versteht sich von selbst, dass grüne Smoothies für den Hund sehr flexibel komponiert sein können,
aber dieser hier ist Fritz' Lieblings-Smoothie.*

ERGIBT ETWA 475 ML

- 2 gehäufte Tassen Grünkohl, kleingeschnitten, Stängel können ruhig dabei sein
- 1 Banane
- 1 EL Chiasamen
- 1 EL Hanf-Proteinpulver
- ½ EL Erdnussbutter
- 1 Tasse Wasser

Alle Zutaten gut durchmixen, bis eine geschmeidige Masse entstanden ist. Wie viel Sie Ihrem Haustier davon geben, hängt von dessen Alter, Aktivität und Größe ab. Fangen Sie mit kleinen Mengen an, die Sie allmählich steigern.

SMOOTHIES UND HAUSTIERE

Es gibt viele Nahrungsmittel, die sich für Hunde-Smoothies gut eignen, etwa Superfood-Samen und Öle – wie die von Leinsamen, Chia und Hanf mit ihren entzündungshemmenden Fetten. Früchte wie Bananen und Äpfel dienen als Leckerli, und Blattgrün passt nicht nur ins angeborene Snack-Konzept der Vierbeiner (es gibt einen Grund, warum Hunde Gras fressen!), sondern liefert auch viele der Vitamine und Mineralien, die in den Hundefuttermischungen oder im fleischlastigen Rohfutter aus dem Laden oft fehlen. Eine kleine Menge Erdnussbutter kann selbst den wählerischs-ten Hund überzeugen, mal zu probieren.

Beachten Sie jedoch, dass es ein paar gängige Pflanzen und Superfoods gibt, die Sie einem Hun-de-Smoothie niemals beimischen sollten, weil die Tiere überempfindlich darauf reagieren. Manche davon sind sogar giftig für Tiere. **Füttern Sie Ihrem Haustier auf keinen Fall die folgenden Nahrungs-mittel:**

- ◆ Avocados
- ◆ Kakao/Schokolade
- ◆ Trauben/Rosinen
- ◆ Macadamianüsse
- ◆ Tee

HIMBEER-JALAPEÑO

Obwohl ihnen ein ganz anderer Ruf vorauseilt – das reine Fleisch der Jalapeños ist gar nicht
so besonders scharf. Dem Geschmack der Himbeeren in diesem Rezept verleihen sie jedenfalls nur ein
leichtes Fünkchen Schärfe. Wenn Sie mehr möchten, geben Sie einfach ein paar Kerne
aus der Schote in die Mischung – dann aber sollten Sie wirklich gut mischen.
So ersparen Sie sich einen überraschenden Schluck Feuer!

ZWEI PORTIONEN MIT JE 475 ML

¼ Tasse Datteln, ohne Kerne
(3 – 4 große Früchte)

1 grüne Jalapeño-Paprika-
schote, ohne Kerne und Stiel

1½ Tassen Kokoswasser

1 Tasse tiefgekühlte Himbeeren

1 Tasse tiefgekühlte Erdbeeren

1½ Tassen Tiefkühlspinat,
nicht aufgetaut, gehackt

1 Tasse Reismilch

2 EL frisch gepresster Limettensaft

Süßen nach Bedarf

Datteln, Jalapeño und Kokoswasser mixen, bis eine geschmeidige Masse entstanden ist. Die restlichen Zutaten dazugeben und noch einmal mixen, bis die Masse frostig ist. Abschmecken und nach Belieben süßen.

SUPERFOOD-EXTRA
1 EL Chiasamen zugeben.

WASSERMELONE-GURKE

Diese beiden feuchtigkeitsspendenden Pflanzen – botanische Verwandte übrigens – schmecken sogar noch erfrischender, wenn sie zusammengemixt werden. Dieser Smoothie ist zudem ein perfektes Beispiel dafür, wie ein paar Tropfen Stevia milde Aromen prächtig aufblühen lassen.

ZWEI PORTIONEN MIT JE 530 ML

4 Tassen Wassermelone, ohne Kerne, gewürfelt

2 Tassen Gurke, geschält und kleingeschnitten

1½ Tassen Tiefkühlspinat

1 EL Chiasamen

1 EL frische Basilikumblätter, gehackt

1 EL frisch gepresster Limettensaft

2 Tassen Eiswürfel

Süßen nach Bedarf

Wassermelone und Gurke zu einem Saft mixen. Die restlichen Zutaten dazugeben und gut durchmixen, bis eine geschmeidige Masse entstanden ist. Abschmecken und nach Belieben süßen.

SUPERFOOD-EXTRA
1 TL Weizengraspulver zugeben.

ZITRUS-ALOE

Aloe-Vera-Saft, der hervorragend für die Verdauung und zur Entschlackung ist, hat einen sehr scharfen, „sauberen" Geschmack, der gut zu Zitrus passt – und so trinke ich ihn am liebsten. Abgesehen vom köstlichen Geschmack ist dies auch eine besonders wirkungsvolle Mischung für strahlende Haut.

ZWEI PORTIONEN MIT JE 475 ML

1 Tasse tiefgekühlte Ananas-stücke

1 Tasse Kokoseis (Seite 25)

¼ Tasse Petersilie, gehackt

1 TL Weizengraspulver

2 EL Avocado, zerdrückt

2 Tassen Orangensaft

¼ Tasse Aloe-Vera-Saft

Süßen nach Bedarf

Alle Zutaten gut durchmixen, bis eine geschmeidige Masse entstanden ist. Abschmecken und nach Belieben süßen.

SUPERFOOD-EXTRA
1 weiteren TL Weizengraspulver zugeben.

BANANE-FENCHEL

*Frischer Fenchel, erfrischend und mit anisähnlichem Geschmack, hat eine ganz besondere Art,
jede grüne Gemüseparty zu beleben, zu der er eingeladen ist.
Geben Sie ein wenig natürliche Fruchtsüße in die Mischung, und Sie bekommen
einen nahezu bonbonartigen grünen Smoothie, der garantiert super schmeckt.*

ZWEI PORTIONEN MIT JE 475 ML

- 1 Tasse tiefgekühlter Grünkohl
- 1 Tasse frischer Fenchel, gewürfelt (nur die Knolle)
- 2 EL getrocknete weiße Maulbeeren
- 1 sehr reife Banane
- 2 EL frisch gepresster Zitronensaft
- 1 Tasse Apfelsaft
- 1½ Tassen Eiswürfel
- Süßen nach Bedarf

Alle Zutaten außer dem Eis gut durchmixen, bis die Masse cremig ist. Das Eis dazugeben und alles noch einmal mixen, bis das Ganze frostig ist. Abschmecken und nach Belieben süßen.

SUPERFOOD-EXTRA
1 EL Chiasamen zugeben.

KÖSTLICH & CREMIG

Mit Geschmacksrichtungen von klassischer Schokolade bis zu exotischen Acaibeeren erinnern diese üppigen Rezepte an Milchshakes; sie sind die perfekte Bühne für den Einsatz schwererer Superfoods wie Hanfsamen und Hanfprotein, Chiasamen, Acaibeeren, Kakao und Maca. Reichhaltige und cremige Smoothies quellen oft geradezu über vor Mineralien, gesunden Fetten und Eiweißstoffen. Sie machen aus dem, was zunächst wie eine unanständige Leckerei schmeckt, ein nährstoffreiches Kraftpaket. Diese sättigenden, dabei jedoch nicht schweren Smoothies eignen sich exzellent als Mittags-Mahlzeit, Snack oder sogar als Ersatzdessert. Viele sind auch perfekt zur Regeneration nach dem Training.

 = SUPERFOOD

 SCHÖNHEIT    KNOCHENSTÄRKEND    REINIGUNG/ENTGIFTUNG

 HERZGESUNDHEIT    IMMUNSTÄRKEND    KALORIENARM    EIWEISS

LUCUMA-MACADAMIA

*Hier eine meiner liebsten Mischungen aus der aktuellen Smoothment-Kampagne
(mehr dazu im Internet), für die ich laufend neue Superfood-Smoothie-Rezepte entwickle.*

ZWEI PORTIONEN MIT JE 350 ML

2 Tassen Eiswürfel

¼ Tasse Macadamianüsse,
ungesalzen

2 große Datteln, ohne Kerne

¼ Tasse Seidentofu, zerdrückt

2 EL Lucumapulver

1 EL Leinsamenpulver

1 EL Hanfsamen

1 EL Kokoszucker (oder Stevia,
nach Belieben)

¾ Tasse frisches Kokoswasser

Alle Zutaten gut durchmixen, bis eine geschmeidige Masse entstanden ist. Abschmecken und nach Belieben süßen.

SUPERFOOD-EXTRA
1 TL Weizengraspulver zugeben.

HEIDELBEER-MAQUI

An diesem Smoothie liebe ich das Gegenüber der leichten Zutaten und der cremigen Textur.
Obwohl ich nur selten Zucker wie Ahornsirup in gesunde Smoothies mische,
verleiht ein Löffel den Beeren in diesem Fall einen ganz besonderen Touch.

ZWEI PORTIONEN MIT JE 350 ML

2 Tassen tiefgekühlte Heidelbeeren

½ Tasse Seidentofu, zerdrückt

2 TL Maquipulver

½ TL Zimt

1 EL Ahornsirup (Qualitätsgrad
B, wenn verfügbar)

1½ Tassen Kokoswasser

Süßen nach Bedarf

Alle Zutaten gut durchmixen, bis eine geschmeidige Masse entstanden ist. Abschmecken und nach Belieben süßen.

SUPERFOOD-EXTRA
Eine große Handvoll frischer Spinat oder Grünkohl
fördert wohltuend Reinigung und Entgiftung.

MAYA-SCHOKOLADE

Obwohl sie vermutlich noch keine Mixer hatten, genossen die Angehörigen der alten Kulturen Mittelamerikas Schokolade oft in einer smoothieartigen Form: Sie zerrieben Kakaobohnensplitter, Nüsse, Pfefferschoten und Gewürze zu einer Paste, machten diese mit Wasser flüssig und konsumierten die Mischung als bitteres, kühles Getränk. Diese süßere Version, biologisch kraftvoll und köstlich feurig, ist eine Hommage an die ursprünglichsten Kakao-Rezepte der Welt.

ZWEI PORTIONEN MIT JE 350 ML

¼ Tasse Datteln, ohne Kerne
(3–4 große Früchte)

2 EL Mandelbutter

3 EL Kakaobohnensplitter

1 EL Kakaopulver

¼ TL Cayennepfeffer

¼ TL Zimt

1 TL Vanilleextrakt

1⅓ Tassen Wasser

2 Tassen Eiswürfel

Alle Zutaten außer dem Eis gut durchmixen, bis eine geschmeidige Masse entstanden ist. Das Eis dazugeben und noch einmal mixen, bis alles frostig ist.

SUPERFOOD-EXTRA
2 EL Chiasamen bringen zusätzliche Ballaststoffe
und gesunde Fette.

KÜRBIS-PASTETE

Kürbispüree ist von Natur aus eine geniale Smoothie-Zutat. Es ist cremig, dick und leicht süß! Dieses Rezept bietet eine fabelhafte (und gesunde) Gelegenheit, einen beliebten Festtagsschmaus auf gewisse Weise das ganze Jahr über zu genießen

ZWEI PORTIONEN MIT JE 590 ML

1 Tasse Kürbispüree

¼ Tasse Datteln, ohne Kerne (3–4 große Früchte)

1 EL Mandelbutter

2 EL Hanfsamen

2 EL Leinsamen

1 TL Kürbiskuchen-Gewürz

1½ Tassen ungesüßte Mandelmilch

3 Tassen Kokoseis (Seite 25)

Süßen nach Bedarf

Alle Zutaten außer dem Kokoseis gut durchmixen, bis die Masse cremig ist. Das Eis dazugeben und noch einmal mixen, bis die Masse eine frostige Konsistenz hat. Abschmecken und nach Belieben süßen.

SUPERFOOD-EXTRA
½ TL Weizengraspulver für eine Fülle
an zusätzlichen Vitaminen und Mineralien zugeben.

PISTAZIE-KIRSCHE

*Pistazien verleihen diesem Mixgetränk eine enorme Menge süßer Cremigkeit und machen es
zu einem echten Leckerbissen. Mehr noch, dank der Antioxidantien in den Kirschen, den Gojibeeren
und auch den Pistazien wirkt dieser Smoothie besonders gut zum Schutz der Sehkraft.*

ZWEI PORTIONEN MIT JE 475 ML

1½ Tassen tiefgekühlte Kirschen, entsteint

¼ Tasse ungesalzene Pistazien, geschält

¼ Tasse getrocknete Gojibeeren

1 TL Vanilleextrakt

1 Tasse Wasser

1½ Tassen Eiswürfel

Süßen nach Bedarf

Alle Zutaten außer dem Eis gut durchmixen, bis die Masse geschmeidig und cremig ist. Das Eis zugeben und mixen, bis alles frostig ist. Abschmecken und nach Belieben süßen.

SUPERFOOD-EXTRA
1 EL Kakaopulver zugeben.

CREMIGE KAROTTE

Willkommen, ihr lieben Freunde des Karottensafts, dieser sanfte Smoothie ist speziell für euch.

Fast wie bei einer Eiscreme vermischen sich seine Zutaten zu köstlich-süßer Karottenseligkeit.

ZWEI PORTIONEN MIT JE 475 ML

1 tiefgekühlte Banane (Seite 73)

⅓ Tasse rohe Cashewkerne

⅓ Tasse Hanfsamen

¾ TL Vanilleextrakt

1½ Tassen Karottensaft

2 Tassen Eiswürfel

Süßen nach Bedarf

Alle Zutaten außer dem Eis gut durchmixen, bis die Masse cremig ist. Das Eis zugeben und mixen, bis alles frostig ist. Abschmecken und nach Belieben süßen.

SUPERFOOD-EXTRA
1 TL Weizengraspulver bringt einen
unauffälligen Grünzeug-Schub.

BANANE-HAFER

*Vollgepackt mit Eiweiß, Ballaststoffen und nährstoffreichen Kohlenhydraten,
bringt dieser sättigende Mix den Begriff „leckeres Frühstück" zu ganz neuen Höhen.
Bedenken Sie, dass dieser Smoothie, wenn er länger als 30 Minuten steht,
sich zusehends verdickt, obwohl er auch dann noch sehr schmackhaft ist.*

ZWEI PORTIONEN MIT JE 475 ML

⅓ Tasse Haferflocken

½ Tasse getrocknete weiße
Maulbeeren

2 tiefgekühlte Bananen (Seite 73)

3 EL Hanf-Proteinpulver

1 TL Vanilleextrakt

1½ Tassen Wasser

1½ Tassen Eiswürfel

Süßen nach Bedarf

Alle Zutaten gut durchmixen, bis die Masse cremig ist. Abschmecken und nach Belieben süßen.

....

SUPERFOOD-EXTRA
1 TL Maquipulver zugeben –
das bringt extra Anti-Aging-Antioxidantien.

....

SANDDORN-MANGO

Sanddornsaft vermittelt Mango ein wenig Zitrusschärfe und beweist damit, dass diese beiden goldenen Früchte definitiv zusammengehören. Ein Hauch von Süßungsmittel verstärkt ihren Geschmack sogar noch – also nur zu!

ZWEI PORTIONEN MIT JE 475 ML

3 Tassen tiefgekühlte Mangostücke

2 EL Hanfsamen

3 EL Sanddornsaft

2 Tassen Reismilch

1 TL Vanilleextrakt

Süßen nach Bedarf

Alle Zutaten gut durchmixen, bis die Masse geschmeidig ist. Abschmecken und nach Belieben süßen.

SUPERFOOD-EXTRA
2 EL Chiasamen bringen zusätzliche Ballaststoffe.

ANANAS-MACA

*Maca verträgt sich selten gut mit anderen Früchten außer mit Bananen.
In diesem Rezept aber verbinden sich die Ananasnoten irgendwie mit der Erdigkeit des Maca
und frischen sie mit einem Hauch tropischer Liebe auf.*

ZWEI PORTIONEN MIT JE 475 ML

2 Tassen tiefgekühlte
  Ananasstücke

1½ Tassen Kokoswasser

2 EL Mandelbutter

1 tiefgekühlte Banane (Seite 73)

2 TL Maca

Süßen nach Bedarf

Alle Zutaten gut durchmixen, bis die Masse homogen frostig ist.
Abschmecken und nach Belieben süßen.

SUPERFOOD-EXTRA
½ TL Camupulver dazu – für extra Vitamine.

PLÄTZCHENTEIG

Obwohl dieser Smoothie natürlich keinen Plätzchenteig enthält, so schmeckt er doch danach!
Karamellartige Datteln, reichhaltige Pekannüsse und Kakaobohnensplitter mit ihrem leichten
Schokoladengeschmack mischen sich perfekt mit dem Lucumapulver – das einen natürlichen
Plätzchengeschmack hat. All das macht diesen Smoothie „so was von fabelhaft"!

ZWEI PORTIONEN MIT JE 415 ML

¼ Tasse rohe Pekannüsse

¼ Tasse Datteln, ohne Kerne (3–4 große Früchte)

1 Tasse sehr reife Birne, kleingeschnitten

2 EL Lucumapulver

1 TL Macapulver

1½ Tassen Mandelmilch

2 EL Kakaobohnensplitter

2 Tassen Kokoseis (Seite 25)

Süßen nach Bedarf

Alle Zutaten außer den Kakaobohnensplitter und dem Kokoseis mixen, bis die Masse cremig und geschmeidig ist. Die Kakaobohnensplitter und das Eis dazugeben und zu einer frostigen Masse mixen, wobei die Flocken weitgehend ganz bleiben, als „Schokoladenchips" fungieren und dem Ganzen einen knusprigen Kick geben. Da dieser Smoothie von Natur aus schon wie Nachtisch schmeckt, werden Sie seine Süße wahrscheinlich nicht noch verstärken wollen. Doch probieren Sie's aus und entscheiden Sie selbst.

SUPERFOOD-EXTRA
1 EL Chiasamen zugeben.

KARAMELLISIERTE BANANE

In karamellisierte Bananen bin ich geradezu vernarrt – denn dieses Karamellisieren verleiht ohnehin schon köstlichen Bananen mit nur ein paar ergänzenden Zutaten und minimalem Aufwand eine Dimension absoluter Dekadenz. Gut, die zusätzliche Arbeit unterscheidet diesen Mix von den alltäglichen Smoothies. Vielleicht sollte es ihm daher vorbehalten bleiben, als besonderer Nachtisch zu dienen – oder als Mitbringsel für jemanden, den Sie beeindrucken wollen. In jedem Fall ist er ein ziemlicher Leckerbissen.

ZWEI PORTIONEN MIT JE 350 ML

2 Bananen, geschält und in gut 1 Zentimeter dicke Scheiben geschnitten

1 EL Kokoszucker

1 EL Kokosöl

1 Tasse ungesüßte Mandelmilch

1 EL Macapulver

2 EL Chiasamen

3 Tassen Kokoseis (Seite 25)

Süßen nach Bedarf

In einer Schüssel werden die Bananenstücke mit Kokoszucker bestäubt und geschwenkt, bis sie rundum gezuckert sind. Das Kokosöl in einer kleinen Sautierpfanne bei mittlerer Hitze erwärmen. Die Bananen in die Pfanne geben und unter gelegentlichem Wenden 5 Minuten braten – oder so lange, bis sie braun sind und der Zucker karamellisiert. Die Pfanne vom Herd nehmen und den Inhalt in eine Schüssel geben. Die restliche Flüssigkeit aus der Pfanne über die Bananen gießen und die Schüssel nach entsprechender Abkühlphase 15 Minuten ins Gefrierfach stellen. Danach kommen die Bananen in den Mixer. Die restlichen Zutaten dazugeben und alles gut durchmixen. Da dieser Smoothie schon wie Nachtisch schmeckt, werden Sie seine Süße wahrscheinlich nicht noch verstärken wollen. Doch testen Sie selbst.

SUPERFOOD-EXTRA
Bringen Sie ein wenig Grün ins Spiel, indem Sie 1 TL Weizengraspulver zugeben.

HIMBEER-MANDEL

*Obwohl ich's nicht eindeutig beweisen kann, glaube ich, dass Himbeeren,
während sie ihre Tage in süßem Nichtstun am Strauch verbringen, von nichts anderem träumen,
als irgendwann zu genau diesem süßen, wohlschmeckenden Smoothie zu werden.*

ZWEI PORTIONEN MIT JE 475 ML

- 2 Tassen tiefgekühlte Himbeeren
- ¼ Tasse Datteln, ohne Kerne (3–4 große Früchte)
- 2 EL Mandelbutter
- 2 EL Acaibeerenpulver
- 1 EL Kakaobohnensplitter
- 1 TL Vanilleextrakt
- 1½ Tassen Kokoswasser
- 1 Tasse Eiswürfel
- Süßen nach Bedarf

Alle Zutaten gut durchmixen, bis die Masse geschmeidig ist. Abschmecken und nach Belieben süßen

SUPERFOOD-EXTRA
Nehmen Sie getrocknete Maulbeeren statt der Datteln.

GRÜNTEE-GOJI

Tee und Gojibeeren sind in China, der Heimat des Goji-Strauchs, eng miteinander verwandt.
Kein Wunder also, dass sie ganz leicht zusammenfinden in diesem Smoothie,
der mich an Grüntee-Eiscreme erinnert.
Wenn Sie es bekommen können, ist Matcha-Teepulver (fein gemahlene junge Grünteeblätter)
eine gesunde und schmackhafte Ergänzung für diesen Smoothie.

ZWEI PORTIONEN MIT JE 475 ML

¼ Tasse rohe Cashewkerne

1 tiefgekühlte Banane (Seite 73)

3 EL getrocknete Gojibeeren

½ Tasse Apfelsaft

1½ Tassen aufgebrühter Grüntee
(gekühlt)

1 Tasse Eiswürfel

Süßen nach Bedarf

Alle Zutaten außer dem Eis mixen, bis eine geschmeidige Masse entstanden ist. Das Eis dazugeben und weitermixen, bis alles frostig ist. Abschmecken und süßen, wenn gewünscht.

SUPERFOOD-EXTRA
1 EL Weizengraspulver zugeben.

CREMIGE ORANGE

Sie schmeckt wie Capri-Eis im Glas, und selbst ein enthusiastisches „Unglaublich"
beschreibt diese Mischung nicht korrekt – sie ist einfach nur himmlisch.

ZWEI PORTIONEN MIT JE 415 ML

¼ Tasse rohe Cashewkerne

¼ Tasse Hanfsamen

¼ Tasse Datteln, ohne Kerne
(3 – 4 große Früchte)

1 TL Camupulver

2 TL frisch abgeriebene
Orangenschale

1½ Tassen Orangensaft

2 Tassen Kokoseis (Seite 25)

Süßen nach Bedarf

Alle Zutaten gut durchmixen, bis die Masse geschmeidig ist. Abschmecken und süßen, wenn gewünscht.

SUPERFOOD-EXTRA
1 EL Gojibeeren verstärkt die orangene Farbe
dieses Smoothies.

MAQUI-BANANE

Erleben Sie die wahre Schönheit köstlicher Einfachheit.

ZWEI PORTIONEN MIT JE 415 ML

3 tiefgekühlte Bananen (Seite 73)

2¼ Tassen Kokosmilch (aus dem Tetra-Pack)

1 EL Maquipulver

Süßen nach Bedarf

Alle Zutaten gut durchmixen, bis die Masse geschmeidig ist. Abschmecken und süßen, wenn gewünscht.

SUPERFOOD-EXTRA

1 EL Chiasamen zugeben.

MACA-HAFER

Meine Mutter ist ein Gewohnheitstier: Findet sie etwas, das sie mag, macht sie einen Lifestyle daraus. Nachdem sie entdeckte, wie gut ihr ein wenig Macapulver in ihren morgendlichen Haferflocken schmeckt, ist es kein Wunder, dass sie sie nun jeden Morgen so isst. Ebenso wenig erstaunlich ist, wie sich das Gleiche in einem grandiosen Smoothie macht, der in der Tat ein fantastisches Frühstück ergibt. Und wer weiß, vielleicht werden auch Sie ihn bald schon täglich schlürfen!

ZWEI PORTIONEN MIT JE 415 ML

2 tiefgekühlte Bananen (Seite 73)

1 EL Macapulver

1 EL Chiasamen

2 EL Haferflocken

2 Tassen Mandelmilch

⅛ TL Zimt

Süßen nach Bedarf

Alle Zutaten gut durchmixen, bis die Masse geschmeidig ist. Abschmecken und süßen, wenn gewünscht.

SUPERFOOD-EXTRA
¼ TL Chlorellapulver zugeben
(oder auch mehr, ganz nach Belieben).

TAHIN-MAULBEERE

Die Kombination zweier Juwelen der türkischen Küche: Tahin (Sesampaste)
und getrocknete weiße Maulbeeren.
Wie Erdnussbutter und Gelee – nur viel besser.

ZWEI PORTIONEN MIT JE 475 ML

- ⅓ Tasse getrocknete weiße Maulbeeren
- 1 Banane
- 2 EL Tahin (Sesampaste), ungesalzen
- 1½ Tassen Kokoswasser
- 1 EL Chiasamen
- 2½ Tassen Eiswürfel
- Süßen nach Bedarf

Alle Zutaten außer dem Eis gut mixen, bis die Masse geschmeidig ist. Das Eis dazugeben und noch einmal mixen, bis alles frostig ist. Abschmecken und süßen, wenn gewünscht.

SUPERFOOD-EXTRA
1 EL Acaipulver zugeben.

MAULBEER-LAVENDEL

Entscheidend bei der Verwendung von Lavendel in Rezepten ist eine leichte Hand. Gibt man nur ganz wenig dazu, ergibt das eine wunderschöne Geschmacksexplosion, ein bisschen zu viel lässt das Getränk seifig schmecken. Lavendelblüten für kulinarische Zwecke bekommt man in guten Tee- und Gewürzläden, verwenden Sie sie frisch, wenn Lavendel in Ihrem Garten wächst (entfernen Sie vorher die Stiele und grünen Teile). Wenn Sie Ihren Smoothie mit Maquipulver aufrüsten, schmeckt er nicht nur nach Lavendel, sondern sieht auch danach aus.

ZWEI PORTIONEN MIT JE 475 ML

- ⅓ Tasse getrocknete weiße Maulbeeren
- ¼ Tasse rohe Cashewkerne
- 1½ Tassen ungesüßte Mandelmilch
- ¼ Tasse weicher Seidentofu
- 1 EL Chiasamen
- 2 Tassen Kokoseis (Seite 25)
- 1 TL Lavendelblüten
- Süßen nach Bedarf

Alle Zutaten gut mixen, bis die Masse geschmeidig ist. Abschmecken und nach Belieben süßen.

SUPERFOOD-EXTRA
1 EL Maquipulver dazu, und der Smoothie erhält einen Lavendelton!

SCHOKOLADE-HASELNUSS

Interessanterweise verstärken ein paar Tropfen Mandelextrakt die natürlichen Aromen der Haselnuss

(aber wenn Sie gerade keinen zur Hand haben, können Sie ihn auch einfach weglassen).

ZWEI PORTIONEN MIT JE 475 ML

¼ Tasse geröstete Haselnüsse

1 Tasse reife Birne, kleingeschnitten

2 große Datteln, ohne Kerne

2 EL Kakaobohnensplitter

2 EL Kakaopulver

1½ TL Vanilleextrakt

⅛ TL Mandelextrakt (optional)

1½ Tassen Kokoswasser

2 Tassen Eiswürfel

Süßen nach Bedarf

Alle Zutaten außer dem Eis mixen, bis eine geschmeidige Masse entstanden ist. Das Eis dazugeben und weitermixen, bis alles frostig ist. Abschmecken und nach Belieben süßen.

SUPERFOOD-EXTRA
1 TL Weizengraspulver bringt einen dezenten grünen Schub.

BROMBEER-VANILLE

*Meine Güte! Im fantastischen Geschmack dieser Mischung vereint sich das Aroma
von hausgemachtem Brombeerkuchen mit dem einer klassischen Eiscreme.
Brombeeren in einem Smoothie haben aber auch einen Nachteil: Sie bringen viele ihrer zähen Kerne
mit, die es irgendwie schaffen, selbst den Klingen der besten Hi-Tech-Mixer zu entkommen.
Wenn Sie das stört, können Sie zunächst die Brombeeren, den Apfelsaft und das Wasser mixen, dann
die Kerne aussieben und anschließend mit der Zubereitung des Smoothies weitermachen*

ZWEI PORTIONEN MIT JE 530 ML

¼ Tasse rohe Cashewkerne

2 EL Hanfsamen

1 EL Lucumapulver

1½ Tassen Apfelsaft

1 Tasse Wasser

1½ Tassen tiefgekühlte Brombeeren

½ Tasse tiefgekühlte Heidelbeeren

Süßen nach Bedarf

Alle Zutaten außer den tiefgekühlten Beeren gut mixen, bis die Masse geschmeidig ist. Die tiefgekühlten Früchte dazugeben und noch einmal mixen, bis alles frostig ist. Abschmecken und nach Belieben süßen.

SUPERFOOD-EXTRA
1 EL gemahlenen Leinsamen zugeben.

KAKAO-SAHNE

Dies ist eine Variante eines anderen Lieblingsrezepts, das ich für die Smoothment-Kampagne kreiert habe. Kakao in Kombination mit Paranüssen schmeckt wie Schokolade mit Erdnussbutter. Muss ich noch mehr sagen?

ZWEI PORTIONEN MIT JE 475 ML

¼ Tasse rohe Paranüsse

¼ Tasse Datteln, ohne Kerne
(3 – 4 große Früchte)

2 EL Kakaopulver

2 TL Macapulver

2 Tassen ungesüßte Mandelmilch

1½ Tassen Eiswürfel

1 EL Kakaobohnensplitter

Süßen nach Bedarf

Alle Zutaten außer dem Eis und den Kakaobohnensplitter gut mixen, bis die Masse cremig ist. Das Eis und die Kakaobohnensplitter dazugeben, noch einmal mixen, bis alles eine frostige Konsistenz hat. Abschmecken und nach Belieben süßen.

SUPERFOOD-EXTRA
2 EL Hanf-Proteinpulver zugeben.

KAKAO-MOKKA

Kaffeeliebhaber können sich freuen. All diese gemixten, geschlagenen, Sirup-versetzten Kaffee-spezialitäten mit den extravaganten Namen haben soeben ihren hausgemachten Meister gefunden. Dieses Gebräu mit Mokka-Geschmack, aus Rohkakao gemacht, ist wunderbar anregend und schmeckt gefährlich lecker.

ZWEI PORTIONEN MIT JE 415 ML

- ⅓ Tasse rohe Cashewkerne
- ¼ Tasse Datteln, ohne Kerne (3–4 große Früchte)
- 2 EL Kakaobohnensplitter
- 1 EL Kakaopulver
- 2 TL Instant-Kaffeepulver (normal oder entkoffeiniert)
- 2 TL Vanilleextrakt
- 1½ Tassen Wasser
- 3 Tassen Eiswürfel
- Süßen nach Bedarf

Alle Zutaten außer dem Eis cremig und geschmeidig mixen. Das Eis dazugeben und weitermixen, bis der Smoothie eine frostige Konsistenz hat. Abschmecken und nach Belieben süßen.

SUPERFOOD-EXTRA
1 TL Macapulver dazugeben. Das fördert Ihre Ausdauer und zugleich den Stressabbau.

GERÖSTETE KOKOSNUSS & MACADAMIA

*Obwohl zur Umsetzung dieses Rezepts ein paar zusätzliche Arbeitsschritte nötig sind,
ist das Resultat geradezu außerirdisch köstlich – dies ist einer meiner Lieblings-Smoothies!
Das Rösten hebt den Geschmack des Kokosfleisches hervor, und das Kokoseis gibt dem Smoothie
eine sanfte Süße, ganz ohne Zusatz von raffiniertem Zucker. Abgesehen von seinem jenseitigen
Geschmack tut dieser Smoothie nach dem Training richtig gut. Das liegt am elektrolytreichen
Kokoswasser und der aufbauenden, stärkenden Maca-Wurzel. Wer's probiert, wird's glauben.*

ZWEI PORTIONEN MIT JE 350 ML

¼ Tasse getrocknetes, unge-
süßtes Kokosfleisch, gehobelt

¼ Tasse ungesalzene Macadamianüsse

2 TL Macapulver

1½ Tassen Kokoswasser

2 Tassen Kokoseis (Seite 25)

Das Kokosfleisch in einer kleinen Pfanne bei mittlerer Hitze rösten, bis es golden ist (etwa 2 Minuten). Dabei ständig rühren, um zu verhindern, dass es anbrennt. Anschließend sofort in eine Schüssel umfüllen und abkühlen lassen.

Das geröstete Kokosfleisch, die Macadamianüsse, das Macapulver und das Kokoswasser zu einer cremigen Milchbasis verarbeiten. Wenn die Masse geschmeidig ist, das Kokoseis dazugeben und mixen, bis alles frostig ist.

SUPERFOOD-EXTRA
1 TL Maquipulver zugeben – wegen der Anti-Aging-Antioxidantien (und um dem Smoothie eine atemberaubende Farbe zu verleihen).

GETARNTE MISCHUNGEN

Auf die nette Art ließe sich sagen: Verschiedene Gemüsearten sind vom Geschmack her nicht jedermanns Sache. Deshalb braucht man als stille Reserve ein paar Rezepte für Tarnkappen-Smoothies. Während diese einzigartigen Mischungen auf den ersten Blick völlig unvereinbare Superfoods und Gemüsesorten miteinander kombinieren, stellen sie vertraute Aromen in den Vordergrund und verstecken damit ihre nahrhaften Grünzeug-Geheimnisse so gut, dass sie unentdeckt bleiben. Reich an Vitaminen, Mineralien, Ballaststoffen und Antioxidantien, bieten diese Smoothies – die sich perfekt als Mittagsmahlzeit, Nachmittagssnack und sogar als Abendessen eignen – eine Fülle pflanzlicher Nährstoffe auch aus einigen der oft eher mit Vorbehalt genossenen Naturprodukte. Geben Sie die geheime Zutat am Ende dann preis? Ganz Ihre Entscheidung …

✳ = SUPERFOOD

 SCHÖNHEIT    KNOCHENSTÄRKEND    REINIGUNG/ENTGIFTUNG

 HERZGESUNDHEIT    IMMUNSTÄRKEND    KALORIENARM   EIWEISS

KOKOS PEP

Voll von Beta-Carotin und den Vitaminen C und E, sind Süßkartoffeln eine willkommene Ergänzung für den gesunden Lebensstil … und eine geradezu traumhafte für Ihre Smoothies.

ZWEI PORTIONEN MIT JE 530 ML

1 tiefgekühlte Banane (Seite 73)

1 Tasse Süßkartoffelpüree

2 EL ungesüßte Kokosflocken

2 EL getrocknete weiße Maulbeeren

2 EL Leinsamenpulver

1 TL Zimt

¾ TL Pimentpulver

½ TL Ingwerpulver

1 Tasse Kokosmilch (aus dem Tetra-Pack)

1 Tasse Wasser

1 Tasse Eiswürfel

Süßen nach Bedarf

Alle Zutaten außer dem Eis cremig mixen. Das Eis dazugeben und weitermixen, bis der Smoothie eine frostige Konsistenz hat. Abschmecken und nach Belieben süßen.

....

SUPERFOOD-EXTRA
2 EL Hanfsamen zugeben.

....

ACAI (MIT ROTER BETE)

Rote Bete hat enorme Vorzüge: Sie hilft bei der Blutreinigung, verbessert die Durchblutung, unterstützt die Nieren … und das ist erst der Anfang. Doch leider mag nicht jeder Rote Bete. Dieser Smoothie stützt sich auf die Eigensüße und die Cremigkeit gerösteter Roter Bete und findet seinen Ausgleich im Zitrus- und Acai-Geschmack. Ein köstlicher und einzigartig gesunder Hochgenuss.

ZWEI PORTIONEN MIT JE 475 ML

¾ Tasse geröstete Rote Bete (Seite 164)

2 Orangen, geschält, entkernt und in Schnitze geteilt

1 Tasse ungesüßte Mandelmilch

3 EL Acaibeerenpulver

2 Tassen Eiswürfel

Süßen nach Bedarf

Alle Zutaten gut durchmixen, bis die Masse geschmeidig und homogen ist. Abschmecken und süßen, wenn gewünscht.

SUPERFOOD-EXTRA
½ TL Camupulver zugeben.

ROTE BETE RÖSTEN

Am liebsten mag ich die für das Herz so gesunde Rote Bete geröstet. Durch das Rösten wird sie köstlich zart und lässt sich verwenden, um Smoothies ohne Zuckerzusatz süßer und ohne zusätzliches Fett cremiger zu machen – außerdem ist sie schöner anzuschauen, denn das Fuchsiarot von Roten Beten ist einmalig. Ich röste immer gleich ein paar mehr, die ich dann für andere kulinarische Spezialitäten wie Salate oder Pilafs verwende. Geröstete Rote Beten sind super lecker und können im Kühlschrank bis zu einer Woche lang aufbewahrt werden.

1. Den Backofen auf 220 °C vorheizen. Ein Backblech oder einen großen Tiegel mit Alufolie auslegen.

2. Wenn sie noch dran sind, Blätter und Stiele von den Roten Beten entfernen, wobei ein Zentimeter vom Stiel stehen bleibt (das Ende der Wurzel jedoch nicht trimmen). Rote Beten waschen, um Erdreste vollständig zu entfernen, dann abtrocknen.

3. Die Roten Beten einzeln in Alufolie einwickeln, ähnlich wie Backkartoffeln, und mit jeweils ein paar Zentimetern Platz dazwischen auf dem vorbereiteten Backblech platzieren.

4. Die Roten Beten 45 bis 75 Minuten rösten – oder bis sie weich sind und nachgeben, wenn man mit einer Gabel hineinsticht. Die Röstzeit hängt von der Größe der verwendeten Roten Beten ab.

5. Die Roten Beten aus dem Ofen nehmen und, immer noch in Alufolie verpackt, für 30 Minuten – nach entsprechender Abkühlphase – in den Kühlschrank legen – oder so lange, bis sie sich beim Berühren kalt anfühlen.

6. Die Folie entfernen. Die Roten Beten an beiden Enden kappen und die Schale leicht reiben, um sie abzulösen. Die von der Schale befreiten Roten Beten in einem luftdichten Behälter im Kühlschrank aufbewahren.

ROTER SAMTKUCHEN

Diese ungemein spezielle Mischung erinnert vom Geschmack her an den berühmten Kuchen,

dessen Name von der Roten Bete abgeleitet ist, die ihn so besonders cremig macht.

ZWEI PORTIONEN MIT JE 350 ML

½ Tasse geröstete Rote Bete
(Seite 164)

¼ Tasse getrocknete weiße
Maulbeeren

3 EL Kakaopulver

1 Tasse ungesüßte Mandelmilch

2 Tassen Kokoseis (Seite 25)

Süßen nach Bedarf

Alle Zutaten außer dem Kokoseis gut mixen, bis eine geschmeidige Masse entstanden ist. Das Eis zugeben und noch einmal mixen, bis die Masse frostig ist. Abschmecken und süßen, wenn gewünscht.

SUPERFOOD-EXTRA
½ TL Camupulver bringt extra Vitamin C.

KIRSCH-VANILLE

Genau genommen gehört dieser Smoothie vermutlich zu den grünen Smoothies. Und doch ist er hier in der Abteilung für getarnte Mischungen untergebracht, weil er zwar eine gefühlte Tonne Grünzeug enthält, aber erstaunlicherweise – ganz Tarnkappe – weder grün aussieht noch so schmeckt. Dieser Smoothie wurde von der einjährigen Tochter meiner Freundin für gut befunden … immer ein gutes Zeichen.

ZWEI PORTIONEN MIT JE 475 ML

2 Tassen tiefgekühlte Kirschen

2 gehäufte Tassen junger Spinat

1 EL Mandelbutter

2 Tassen Kokoswasser

½ TL Weizengraspulver

2 EL Vanilleextrakt

Süßen nach Bedarf

Alle Zutaten gut durchmixen, bis die Masse geschmeidig ist. Abschmecken und süßen, wenn gewünscht.

SUPERFOOD-EXTRA
1 EL Chiasamen zugeben.

HIMBEER-ANANAS

Eine weitere Zubereitung, die, technisch gesehen, eigentlich ein grüner Smoothie ist (weil grünes Gemüse drin ist). Tatsächlich sieht dieser Smoothie aber weder so aus noch schmeckt er so! Als freundliche, fruchtig schmeckende Tarnkappen-Mischung ist er ideal für Kinder, besonders wenn noch ein wenig Stevia als Süßungsmittel hinzugefügt wird.

ZWEI PORTIONEN MIT JE 475 ML

- 2 gehäufte Tassen junger Pak Choi, fein geschnitten
- 1½ Tassen tiefgekühlte Ananasstücke
- ½ Tasse tiefgekühlte Himbeeren
- 1 Banane
- 1½ Tassen Kokosmilch (aus dem Tetra-Pack)
- 1 TL Maquipulver
- Süßen nach Bedarf

Alle Zutaten gut durchmixen, bis die Masse geschmeidig ist. Abschmecken und süßen, wenn gewünscht.

SUPERFOOD-EXTRA
1 EL Chiasamen zugeben.

ERDBEER-BASILIKUM

Basilikum gibt den Erdbeeren einen leicht floralen Akzent – aber nicht das ist das eigentliche Geheimnis dieses Smoothies, sondern wie die Tomaten hier willkommen geheißen werden. Erdbeeren und Tomaten haben geschmacklich viel gemeinsam. Deswegen fügen sich die an Lycopen reichen Schönheiten nahtlos in diese Mischung ein.

ZWEI PORTIONEN MIT JE 475 ML

- 2 Tassen tiefgekühlte Erdbeeren
- 1½ Tassen Kirschtomaten
- ¼ Tasse getrocknete Gojibeeren
- 2 große Datteln, ohne Kerne
- 2 EL Avocado, zerdrückt
- 2 EL frisch gepresster Limettensaft
- 1 gehäufter EL frisches Basilikum, gehackt
- 1 Tasse Kokoswasser
- Süßen nach Bedarf

Alle Zutaten gut durchmixen, bis die Masse geschmeidig ist. Abschmecken und süßen, wenn gewünscht.

SUPERFOOD-EXTRA
1 TL Maquipulver zugeben.

SCHOKOLADE (MIT BLUMENKOHL)

Wer hätte gedacht, dass gedämpfter Blumenkohl einen Smoothie derart sinnlich machen könnte?
Wie ein üppiger, über alle Stränge schlagender Schokoladen-Milchshake,
der in Wirklichkeit ganz, ganz lieb ist.

ZWEI PORTIONEN MIT JE 600 ML

¼ Tasse Datteln, ohne Kerne
(3–4 große Früchte)

3 Tassen gedämpfter Blumenkohl

¼ Tasse Kakaobohnensplitter

2 EL Hanfsamen

1 EL Kakaopulver

1½ Tassen Reismilch

2 Tassen Kokoseis (Seite 25)

Süßen nach Bedarf

Alle Zutaten außer dem Eis gut durchmixen, bis die Masse geschmeidig ist. Das Eis dazugeben und noch einmal mixen, bis der Smoothie eine frostige Konsistenz hat. Abschmecken und süßen, wenn gewünscht.

SUPERFOOD-EXTRA
2 TL Macapulver zugeben.

BANANE-MUSKAT

„Mit der richtigen Geschmackskombination kann man praktisch alles in einem Smoothie verstecken",
produzierte ich mich vor einer Freundin, als ich an diesem Buch schrieb. Meine Freundin schaute mich
prüfend an. „Alles?" fragte sie. „Klar", nickte ich. Sie schaute mich an, hob bedeutungsvoll
eine Augenbraue und gab zurück: „Was ist denn mit … Rosenkohl?"
Ich zögerte. Ich wusste nichts darüber, wie man Rosenkohl in Getränke mixt. Es klang ziemlich abartig.
„Oh, klar, sogar Rosenkohl. Definitiv", murmelte ich mit aufgesetzter Nonchalance. „Na, dann zeig
mal ein Rezept dafür", sagte sie selbstgefällig. Und weil ich niemand bin, der Herausforderungen aus
dem Weg geht, willigte ich ein. Es brauchte neun Versuche, ich musste mir viele entsetzte Gesichter
anschauen, setzte so gut wie jeden bekannten Smoothie-Trick ein – aber dieser Tarnkappen-Smoothie
ist tatsächlich mehr als nur trinkbar. Also ja, sogar Rosenkohl. Definitiv.

ZWEI PORTIONEN MIT JE 530 ML

2 tiefgekühlte Bananen (Seite 73)

1 Tasse tiefgekühlter Rosenkohl

3 EL Mandelbutter

1½ Tassen Apfelsaft

1½ Tassen ungesüßte Mandelmilch

1 EL Maquipulver

¼ TL Muskatpulver

¼ TL Zimt

Süßen nach Bedarf

Alle Zutaten gut durchmixen, bis die Masse geschmeidig und homogen ist. Abschmecken und nach Belieben süßen.

SUPERFOOD-EXTRA
1 EL Chiasamen dazu – bringt extra Ballaststoffe.

MAQUI-TRAUBE

Einer der ersten Tricks, den ich lernte, als ich vor vielen Jahren Wege suchte, mich natürlicher zu ernähren, war der, mir aus tiefgekühlten Trauben einen gesunden Snack zu machen. Trauben sättigen und sind leicht zuzubereiten (einfach waschen, trocknen, von der Rispe pflücken und einfrieren). In Smoothies sorgen sie für eine sorbetartige Textur, viel natürliche Süße – und leisten hervorragende Arbeit, wenn es etwa darum geht, den gesunden Kohl in dieser Superfood-Mischung zu maskieren. Das ist besonders erstaunlich, weil man sonst wohl kaum hinausposaunen würde: „Sie werden da niemals den Kohl rausschmecken."

ZWEI PORTIONEN MIT JE 350 ML

- 1 Tasse Weißkohl, in Streifen geschnitten
- 2 EL Avocado, zerdrückt
- 2 TL Maquipulver
- 1½ Tassen Apfelsaft
- 2 Tassen tiefgekühlte rote Trauben
- Süßen nach Bedarf

Alle Zutaten außer den Trauben zu einer geschmeidigen Masse mixen. Die Trauben dazugeben und noch einmal durchmixen, bis die Masse frostig ist. Abschmecken und nach Belieben süßen.

....

SUPERFOOD-EXTRA
1 EL Leinsamenpulver zugeben.

....

LUCUMA-KOKOS

Er schmeckt genau wie jener richtig dicke Kokos-Smoothie, den ich mal in einem kleinen Bioladen in Oregon getrunken habe. Ich bin mir zwar ziemlich sicher, dass da kein Blumenkohl drin war, aber wenn ich sehe, wie leicht es ist, ihn beim Mixen zu verstecken, würde ich darauf nicht wetten …

ZWEI PORTIONEN MIT JE 475 ML

1 Tasse tiefgekühlter Blumenkohl

1 tiefgekühlte Banane (Seite 73)

2 EL Hanfsamen

3 EL ungesüßte Kokosflocken

2 große Datteln, ohne Kerne

2 EL Lucumapulver

½ EL Macapulver

2½ Tassen Kokosmilch
(aus dem Tetra-Pack)

Süßen nach Bedarf

Alle Zutaten gut durchmixen, bis die Masse geschmeidig ist. Abschmecken und nach Belieben süßen.

SUPERFOOD-EXTRA
2 EL Hanf-Proteinpulver zugeben.

ACAI-MANDEL

*Ein so ausgewogener Smoothie wie dieser hier ersetzt mit Leichtigkeit eine ganze Mahlzeit.
Er macht satt, gibt Energie und schmeckt hervorragend. Wenn Sie sich einen Moment Zeit nehmen,
um ihn extra gründlich zu mixen, trägt auch der Brokkoli zu seiner cremigen Struktur bei,
und das Ergebnis wird noch köstlicher.*

ZWEI PORTIONEN MIT JE 415 ML

- 2 Tassen tiefgekühlte Brokkoli-Röschen

  1 tiefgekühlte Banane (Seite 73)

  2 große Datteln, ohne Kerne

  2 EL Mandelbutter

- 3 EL Acaibeerenpulver

  ¼ TL Vanilleextrakt

  2 Tassen Kokoswasser

  Süßen nach Bedarf

Alle Zutaten gut durchmixen, bis die Masse geschmeidig ist. Abschmecken und nach Belieben süßen.

SUPERFOOD-EXTRA
½ TL Camupulver dazugeben.

APFEL (MIT BROKKOLI)

*Sollten Sie einen Brokkoli-Hasser in Ihrem Haushalt haben, könnte dieses Rezept
Ihr bestgehütetes Geheimnis werden. Obwohl dieser Smoothie ganze drei Tassen Brokkoli
und obendrein noch etwas extra-alkalisierendes Chlorellapulver enthält,
schmeckt er ausschließlich nach Äpfeln!*

ZWEI PORTIONEN MIT JE 530 ML

- 3 Tassen tiefgekühlter Brokkoli
- 1 Banane
- ½ TL Chlorellapulver
- ¼ Tasse frisch gepresster Zitronensaft
- 1½ Tassen Apfelsaft
- 1½ Tassen Mandeleis (Seite 25)
- Süßen nach Bedarf

Alle Zutaten gut durchmixen, bis die Masse geschmeidig und frostig ist. Abschmecken und süßen, wenn gewünscht.

SUPERFOOD-EXTRA
1–2 EL Hanf-Proteinpulver verwandeln diesen
Smoothie in einen hervorragenden Proteinshake.

PREMIUM-MISCHUNGEN

Diese Sammlung „ultimativer" Smoothies bedient sich gern eines umfangreichen Superfood-Vorrats. Bis zum (Glas-)Rand voll mit allen möglichen Superfoods, kennen diese Mischungen keine falsche Scham. Allerdings enthalten sie, eben dank der größten Auswahl an Zutaten, auch das breiteste Nährstoff-Spektrum. Diese Smoothies sind wie geschaffen dafür, zu jeder Tageszeit eine volle Mahlzeit zu ersetzen; wenn erforderlich, lassen sie sich auch mit noch mehr Superfoods ergänzen, etwa mit einer Handvoll Spinat oder einer Prise Camupulver. Diese Premium-Mischungen rufen förmlich: „Nichts wie ran!" Hinweis: Die Rezepte wurden bereits so entwickelt, dass sie jede Menge Superfoods enthalten. Sie werden daher feststellen, dass in den Rezepten dieser Premium-Smoothies keine Empfehlungen für zusätzliche Superfood-Extras gegeben werden. Wenn Sie dennoch weitere Superfoods in eines dieser Rezepte einbringen möchten, steht Ihnen das natürlich frei.

✳ = SUPERFOOD

 SCHÖNHEIT  KNOCHENSTÄRKEND  REINIGUNG/ENTGIFTUNG

 HERZGESUNDHEIT  IMMUNSTÄRKEND KALORIENARM EIWEISS

SAURE LIMETTE

In meiner Küche liegt ein inzwischen schon sehr fleckiges kleines Notizbuch, in das ich meine neuen Rezepte schreibe. Obwohl ich mich noch erinnere, dass mir dieser Smoothie – ein cremiger, zitroniger, wirklich dessertartiger Gaumenschmeichler – ziemlich gut gelungen war, habe ich dazu an Notizen nur ein etwas merkwürdig aussehendes „UNGLAUBLICH!!!" in mein Buch gekritzelt. Ich glaube, ich war zu sehr damit beschäftigt, den Smoothie zu genießen, als dass ich irgendetwas hätte dokumentieren können.

ZWEI PORTIONEN MIT JE 475 ML

2 tiefgekühlte Bananen (Seite 73)

1 Tasse Kokoseis (Seite 25)

3 EL ungesüßte Kokosflocken

2 TL frisch abgeriebene Limetten-
schale

⅓ Tasse frisch gepresster
Limettensaft

2 EL Hanfsamen

1 EL Leinsamenpulver

¼ TL Camupulver

¼ TL Chlorellapulver (und/
oder 1 TL Weizengraspulver)

1 EL Lucumapulver

1 Tasse Kokosmilch
(aus dem Tetra-Pack)

½ Tasse Wasser

Süßen nach Bedarf

Alle Zutaten gut durchmixen, bis eine geschmeidige Masse entstanden ist. Abschmecken und nach Belieben süßen.

OPTIONAL

8–12 Tropfen Chlorella-Konzentrat zugeben, um diesem Smoothie eine echte „Limetten"-Farbe zu verleihen und seine alkalisierenden und entschlackenden Qualitäten zu verstärken.

ERDBEERE

*Mit seinem funkelnden Geschmack und überzeugenden Sattmacher-Qualitäten
ist dieser Smoothie eine Mahlzeit im Glas – mit jeder Menge
Anti-Aging-Antioxidantien.*

ZWEI PORTIONEN MIT JE 530 ML

- 2½ Tassen tiefgekühlte Erdbeeren
- ¼ Tasse getrocknete weiße Maulbeeren
- 2 EL Chiasamen
- 2 TL Maquipulver
- ½ TL Camupulver
  - ⅓ Tasse weicher Seidentofu, zerdrückt
  - ¼ TL frisch abgeriebene Zitronenschale
  - 2 EL frisch gepresster Zitronensaft
  - 1½ Tassen ungesüßte Mandelmilch
  - ¾ Tasse Apfelsaft
  - Süßen nach Bedarf

Alle Zutaten gut durchmixen, bis eine geschmeidige Masse entstanden ist. Abschmecken und nach Belieben süßen.

SCHOKOLADE

Wenn Sie Schokolade lieben, werden Sie diesen Smoothie anbeten. Prallvoll mit Nährstoffen und vor Schokoladengeschmack strotzend, liefert diese cremige Mischung ein gesundes und wasserdichtes Plädoyer dafür, Schokolade zu einer (oder zu jeder) Mahlzeit zu genießen.

ZWEI PORTIONEN MIT JE 475 ML

¼ Tasse Datteln, ohne Kerne (etwa 3–4 große Früchte)

2 EL Avocado, zerdrückt

2 EL Kakaobohnensplitter

¼ Tasse Kakaopulver

3 EL Hanf-Proteinpulver

2 TL Macapulver

1 TL Vanilleextrakt

2½ Tassen Kokoswasser

1 Tasse Eiswürfel

Süßen nach Bedarf

Alle Zutaten außer dem Eis gut durchmixen, bis eine geschmeidige Masse entstanden ist. Das Eis dazugeben und alles noch einmal mixen, um eine frostige Konsistenz zu erhalten. Abschmecken und nach Belieben süßen.

GRANATAPFEL-KIRSCHE

„Herbe Frucht trifft süße Frucht." Nach dieser klassischen Formel für einen perfekt abgestimmten Smoothie sind Granatäpfel und Kirschen in Sachen Geschmack natürliche Freunde. Gemeinsam bieten sie eine außergewöhnlich leckere Kulisse für einige überaus kraftvolle Superfood-Gäste.

ZWEI PORTIONEN MIT JE 475 ML

1½ Tassen Granatapfelsaft

2 Tassen tiefgekühlte Kirschen

1 tiefgekühlte Banane (Seite 73)

1 EL Acaibeerenpulver

3 EL Hanfsamen

1 EL Leinsamenpulver

1 Tasse Eiswürfel

Süßen nach Bedarf

Alle Zutaten außer dem Eis gut durchmixen, bis eine geschmeidige Masse entstanden ist. Das Eis dazugeben und alles noch einmal mixen, um eine frostige Konsistenz zu erhalten. Abschmecken und nach Belieben süßen.

BEERENMISCHUNG

Avocado als Zutat verleiht Smoothies eine fast cremeartige Textur,
wie man an dieser festlichen Beerenmischung sieht.

ZWEI PORTIONEN MIT JE 475 ML

- 1½ Tassen tiefgekühlte Beerenmischung
- 1 Tasse Eiswürfel
- 1 Tasse reife Birne, klein
  geschnitten
- ¼ Tasse Avocado, zerdrückt
- ⅓ Tasse Gojibeeren
- 1 EL Leinsamenpulver
- 2 TL Maquipulver
- 1½ Tassen Mandelmilch
- Süßen nach Bedarf

Alle Zutaten gut durchmixen, bis die Masse geschmeidig und frostig ist. Abschmecken und süßen, wenn gewünscht.

BANANE-BEERE

Mir gefällt die Vorstellung, dass diese Superfood-Mischung eine Art Hommage an die kultigste Smoothie-Geschmackskombination ist ... aber natürlich mit den allerbesten Zutaten. Wenn Sie keinen Hochgeschwindigkeitsmixer verwenden, können Sie ein wenig mehr Wasser oder Kokosmilch dazugeben, dann lässt sich die Masse leichter mixen (dieser Smoothie ist besonders eisig).

ZWEI PORTIONEN MIT JE 475 ML

- 1½ Tassen tiefgekühlte Beerenmischung
- 2 tiefgekühlte Bananen (Seite 73)
- 3 EL getrocknete weiße Maulbeeren
- 3 EL Hanfsamen
- 2 EL Gojibeeren
- ½ TL Camupulver
- 1 TL Maquipulver
- 2 Tassen Kokosmilch (aus dem Tetra-Pack)
- 1 TL Vanilleextrakt
- Süßen nach Bedarf

Alle Zutaten gut durchmixen, bis die Masse geschmeidig und frostig ist. Abschmecken und süßen, wenn gewünscht.

SESAM-HANF

*Ich bin hin und weg davon, wie das Tahin in dieser Mischung von der Banane gesüßt wird –
die es damit zu einer Art cremigen Sesam-Praline macht.
Voll von Proteinen und reich an Mineralien, ist dieser Smoothie
besonders gut für den Aufbau des Körpers.*

ZWEI PORTIONEN MIT JE 475 ML

1½ Tassen Eiswürfel

2 tiefgekühlte Bananen (Seite 73)

2 EL Tahin (Sesampaste),
ungesalzen

4 EL Hanf-Proteinpulver

1 TL Macapulver

½ TL Chlorellapulver

½ TL Vanilleextrakt

1½ Tassen Kokoswasser

10–20 Tropfen Chlorophyll-
extrakt (optional)

Süßen nach Bedarf

Alle Zutaten gut durchmixen, bis die Masse geschmeidig ist. Abschmecken und süßen, wenn gewünscht.

SCHOKOLADE-MINZE

Es ist ein Dessert ... halt, nein, ein Eis ... nein, es ist ein besonderer Superfood-Smoothie!
Diese Mischung fällt definitiv in die Kategorie: „Kneif mich – das kann doch gar nicht
so gut schmecken und dabei so gesund sein." Ist es aber.

ZWEI PORTIONEN MIT JE 530 ML

⚜ ⅓ Tasse Hanfsamen

¼ Tasse Datteln, ohne Kerne
(3 – 4 große Früchte)

⚜ 3 EL Gojibeeren

⚜ ¼ Tasse Kakaopulver

⚜ 2 EL Kakaobohnensplitter

⚜ 3 gehäufte EL frische Minze,
gehackt

⚜ 1 TL Weizengraspulver

¼ Tasse Avocado, zerdrückt

2 Tassen Kokoswasser

3 Tassen Kokoseis (Seite 25)

Süßen nach Bedarf

Alle Zutaten außer dem Eis gut durchmixen, bis die Masse geschmeidig ist. Das Eis dazugeben und noch einmal mixen, bis der Smoothie eine frostige Konsistenz hat. Abschmecken und süßen, wenn gewünscht.

KOKOSNUSS

Frische junge Thai-Kokosnüsse verwende ich nicht jeden Tag als Zutat.
Man findet sie in der Obst- und Gemüseabteilung von Reformhäusern und Asiamärkten.
Sie können ein wenig teuer sein und sträuben sich gern, wenn man sie öffnen möchte.
Aber in Smoothies sind sie von solch grandioser Köstlichkeit, dass ich es mir einfach nicht verkneifen
konnte, einen – einen einzigen – Smoothie vorzustellen, der damit gemacht ist.
Verfluchen Sie mich, mixen Sie den Smoothie, trinken ihn – und dann danken Sie mir.

ZWEI PORTIONEN MIT JE 350 ML

½ Tasse frisches junges
Kokosfleisch

2 EL getrocknete weiße
Maulbeeren

2 EL Hanfsamen

2 EL Lucumapulver

1 EL Leinsamenpulver

1 TL Macapulver

¾ Tasse frisches junges
Kokoswasser

2 Tassen Kokoseis (Seite 25)

Süßen nach Bedarf

Alle Zutaten gut durchmixen, bis die Masse geschmeidig ist. Abschmecken und süßen, wenn gewünscht.

ANMERKUNG

Sie finden keine jungen Thai-Kokosnüsse? Dann nehmen Sie statt des frischen Kokosfleischs ⅓ Tasse getrocknete Kokosraspel und statt des frischen Kokoswasser solches aus dem Tetrapack. Nicht ganz so gut, aber immer noch eine gute Mischung.

FRÜCHTEPUNSCH

*Genießen Sie – mit Erdbeere, Orange und Banane – eine klassische Geschmacksmischung,
die in der Welt der Smoothies nahezu idiotensicher ist. Auch wenn dieser Mix mit Superfoods bereits
gut ausstaffiert ist – das Rezept ist vielseitig genug, um durch weitere nährstoffreiche Hochgenüsse
ergänzt zu werden (durch frisches Grünzeug beispielsweise).*

ZWEI PORTIONEN MIT JE 415 ML

1 Tasse tiefgekühlte Erdbeeren
1 tiefgekühlte Banane (Seite 73)
2 EL Hanfsamen
1 EL Leinsamen
1 EL Acaipulver
1 TL Weizengraspulver
1½ Tassen Orangensaft
½ Tasse Kokoswasser
Süßen nach Bedarf

Alle Zutaten gut durchmixen, bis die Masse geschmeidig ist. Abschmecken und süßen, wenn gewünscht.

CHAI

Ein guter Chai ist wie ein Orchester aus wärmenden Gewürzen, das aufs Wunderbarste mit der Kühle eines cremigen Smoothies kontrastiert. Manchmal gebe ich eine Extraportion Eis in diese Mischung und esse sie mit einem Löffel wie Eiscreme.

ZWEI PORTIONEN MIT JE 475 ML

3 EL rohe Cashewkerne

2 EL Hanfsamen

2 große Datteln, ohne Kerne

2 EL Kakaobohnensplitter

1 EL Chiasamen

2 TL Macapulver

¼ TL Chlorellapulver (optional)

1 TL Zimt

1 TL Ingwerpulver

¼ TL Kardamompulver

2 Tassen Kokoswasser

1 tiefgekühlte Banane (Seite 73)

1½ Tassen Eiswürfel

Süßen nach Bedarf

Alle Zutaten außer der tiefgekühlten Banane und dem Eis mixen, bis die Masse geschmeidig und homogen ist. Die restlichen Zutaten zugeben und weitermixen, bis der Smoothie eine frostige Konsistenz hat. Abschmecken und nach Belieben süßen.

TROPICAL

Die Farbe dieser Mischung erinnert an einen Sonnenuntergang auf einer schönen Insel. Um das Rezept zu vereinfachen, können Sie statt tiefgekühlter Ananas und Mango auch eine tropische Früchtemischung verwenden.

ZWEI PORTIONEN MIT JE 475 ML

1½ Tassen Kokoswasser

1 Banane

1½ Tassen tiefgekühlte Ananasstücke

¾ Tasse tiefgekühlte Mangostücke

2 EL getrocknete Gojibeeren

½ TL Camupulver

1 EL Chiasamen

2 EL Hanfsamen

Süßen nach Bedarf

Alle Zutaten gut durchmixen, bis die Masse geschmeidig ist. Abschmecken und süßen, wenn gewünscht.

OPTIONAL
Verwandeln Sie dieses Getränk in einen grünen Smoothie, indem Sie ein paar Handvoll frischen Spinat dazugeben.

MANGO-INGWER

Dieses Rezept sieht einen moderaten Anteil Ingwer vor, der von süßer Mango und Kokos ausgeglichen wird. Wenn aber niemand in der Nähe ist, nehme ich gern deutlich mehr Ingwer und bringe den Smoothie damit auf ein Niveau unerhörter Schärfe und Würze.

ZWEI PORTIONEN MIT JE 475 ML

2 Tassen tiefgekühlte Mangostücke

1 EL Ingwer, geschält und frisch gerieben (je nach Geschmack auch mehr)

2 EL ungesüßte Kokosflocken

2 EL Gojibeeren

2 EL getrocknete weiße Maulbeeren

½ TL Camupulver

1 EL frisch gepresster Zitronensaft

1 Tasse Kokosmilch (aus dem Tetra-Pack)

1½ Tassen Kokoswasser

1 EL Chiasamen

Süßen nach Bedarf

Alle Zutaten außer den Chiasamen mixen, bis die Masse geschmeidig ist. Die Chiasamen dazugeben und noch einmal kurz mixen. Abschmecken und nach Belieben süßen.

ACAI

*Reichhaltig und rundum „beerig" – dieser Smoothie schmeckt, wie Acai schmecken sollte:
verschwenderisch köstlich. Ein wenig pflanzliches Fett (Avocado)
und eine Extraportion Beeren verstärken den delikaten Geschmack der Acaibeeren.*

ZWEI PORTIONEN MIT JE 475 ML

- ½ Tasse tiefgekühlte Heidelbeeren
- ½ Tasse getrocknete weiße
Maulbeeren
- 2 EL Hanfsamen
- 3 EL Acaipulver
- 1 TL Weizengraspulver
- ½ Tasse Avocado, zerdrückt
- 2 Tassen Kokoswasser
- 2 Tassen Eiswürfel
- Süßen nach Bedarf

Alle Zutaten außer dem Eis gut durchmixen, bis die Masse geschmeidig ist. Das Eis dazugeben und noch einmal mixen, bis der Smoothie eine frostige Konsistenz hat. Abschmecken und süßen, wenn gewünscht.

VANILLE-MANDEL

Ich bin völlig hingerissen von diesem Smoothie – anders kann man es nicht sagen. Wenn Sie frisches Kokoswasser bekommen können (wie aus einer frisch aufgeschlagenen jungen weißen Kokosnuss), wird es diesen ohnehin schon erstaunlichen Smoothie in einsame Höhen befördern. Doch auch wenn Sie nur Zugang zur abgepackten Variante haben, können Sie sich immer noch glücklich schätzen. Ich meine, dieser Smoothie ist schon süß genug, dennoch können Sie nach Belieben nachsüßen.

ZWEI PORTIONEN MIT JE 475 ML

- ⅓ Tasse getrocknete weiße Maulbeeren
- 2 EL getrocknete Gojibeeren
- 2 EL Hanf-Proteinpulver
- 1 EL Lucumapulver
- 3 EL Mandelbutter
- 2 TL Vanilleextrakt
- ½ TL Camupulver
- 1½ Tassen Kokoswasser
- 2 Tassen Eiswürfel
- Süßen nach Bedarf

Alle Zutaten außer dem Eis gut durchmixen, bis die Masse geschmeidig und homogen ist. Das Eis dazugeben und noch einmal mixen, bis der Smoothie eine frostige Konsistenz hat. Abschmecken und nach Belieben süßen.

SUPERFOOD SHOTS

Brauchen Sie einen punktgenauen Kick in Sachen Wohlbefinden? Superfood-Shots erledigen diese Aufgabe, und zwar schnell. Diese „Shots" – im Grunde hoch verdichtete Mini-Smoothies – sind zweckorientierte Kraftwerke für Körper-Treibstoff. Und weil ihr Fokus ganz auf der Wirkung liegt, bedienen sie sich einiger exotischer, extrastarker Superfoods und Kräuter. Superfood-Shots sind gemacht für spezielle, akut auftretende gesundheitliche Bedürfnisse, für Momente, vor denen man am liebsten davonlaufen würde – und für echte Hardcore-Gesundheits-Enthusiasten. Greifen Sie zu diesen hochgradig nahrhaften Mini-Mischungen, wann immer Sie einen zusätzlichen Schub benötigen.

ENERGIE

Eine süß-scharfe Mischung, die sofortige und nachhaltige Energie liefert.

2 PORTIONEN

¼ Tasse ungesüßter Yerba-Mate-tee, fertig zubereitet, gekühlt

✹ 1 EL Kakaopulver

✹ 1 TL Macapulver

1 EL Kokoszucker

1 Prise Cayennepfeffer

Alle Zutaten zu einer homogenen Flüssigkeit verrühren.

TURBO-EXTRA
⅛ TL Cayennepfeffer zugeben.

GEGEN GRIPPE UND ERKÄLTUNG

Große Mengen an schützendem Vitamin C, immunstärkendem Zink und antiviralen Stoffen tun sich in diesem Superfood-Shot zusammen, um Keimen den Garaus zu machen. Beachten Sie, dass das Zugeben von Oregano-Öl das Ganze zwar besonders wirksam macht, ihm aber auch einen intensiven Eigengeschmack verleiht!

2 PORTIONEN

¼ Tasse Orangensaft

✹ 2 EL getrocknete Gojibeeren

2 TL Ingwer, geschält und frisch gerieben

✹ ½ TL Camupulver

Alle Zutaten gut durchmixen, bis die Masse geschmeidig ist. Wenn gewünscht, die restlichen Fasern vom Ingwer aussieben.

TURBO-EXTRA
6–8 Tropfen Oregano-Öl zugeben.

ENTGIFTUNG

Grün putzt den Körper durch – besonders in Kombination mit Zitronen- und Aloe-Vera-Saft,
die dafür bekannt sind, dass sie Toxine ausschwemmen.
Raus mit dem Schlechten, rein mit dem Sauberen und Frischen!

2 PORTIONEN

¼ Tasse Aloe-Vera-Saft

2 EL frisch gepresster Zitronensaft

✷ ¼ TL Chlorellapulver

✷ 1 TL Weizengraspulver

4 Tropfen Stevia

Alle Zutaten zu einer homogenen Flüssigkeit mixen.

TURBO-EXTRA
10 Tropfen flüssiges Chlorophyll zugeben.

GEHIRNPOWER

Mit klugen Fetten, hirnfreundlichen Antioxidantien und nachhaltigen Zuckern erhöht diese
mild-süße Mischung die Konzentration und bringt die Stimmung ins Gleichgewicht.

2 PORTIONEN

⅓ Tasse ungesüßter grüner Tee, fertig zubereitet, gekühlt

✷ 1 EL Acaipulver

✷ ½ EL Chiasamen

½ TL Zimt

1 EL Kokoszucker

Alle Zutaten mixen, bis die Masse geschmeidig ist.

TURBO-EXTRA
1 Beutel Ginkgo-Biloba-Tee in ⅓ Tasse heißem Wasser aufbrühen und 5 Minuten ziehen lassen. Den Teebeutel herausnehmen, den konzentrierten Tee abkühlen lassen und zu der Mischung geben.

STRESS-ABBAU

Tun Sie etwas zum Abbau und Ausgleich von Stress in all seinen Erscheinungsformen – vom physischen Schmerz nach sportlichen Anstrengungen bis zum emotionalen Verschleiß in Arbeit und Alltag! Dieser Shot wartet mit sekundären Pflanzenstoffen für den energetischen Spannungsausgleich, mit entspannenden Mineralien, verjüngenden Elektrolyten und entzündungshemmenden Verbindungen auf.

2 PORTIONEN

⅓ Tasse Kokoswasser

1 EL Mandelbutter

2 TL Leinsamen, gemahlen

2 TL Macapulver

¼ TL Kurkumapulver

2 Tropfen Stevia

Alle Zutaten mixen, bis die Masse geschmeidig ist.

TURBO-EXTRA
1 Messlöffel pflanzliches MSM-Pulver (Methylsulfonylmethan) zugeben. Es lindert Schmerzen und fördert die Gewebe-Heilung.

ANTI-AGING

Bekämpfen Sie freie Radikale, korrigieren Sie Anzeichen frühzeitiger Alterung, und schützen Sie sich mit einer Vielzahl von kraftvollen Antioxidantien, gesunden Fetten und dem für die Immunabwehr so wichtigen Vitamin C vor künftigen Schäden!

2 PORTIONEN

⅓ Tasse ungesüßter grüner Tee, fertig zubereitet, gekühlt

2 EL getrocknete weiße Maulbeeren

1 EL Hanfsamen

1 TL Maquipulver

¼ TL Camupulver

Alle Zutaten mixen, bis die Masse geschmeidig ist.

TURBO-EXTRA
½ TL fein gehackten frischen Rosmarin zugeben.

WAS IST MIT MEINEM SMOOTHIE LOS?

Kein Zweifel, Superfood-Smoothies schmecken direkt nach dem Mixen am besten. Dann sind sie in punkto Geschmack, Textur und sogar beim Nährwert einfach auf ihrem Höhepunkt. Als ich dieses Buch schrieb, gab ich meinen Freunden jeden Tag Einmachgläser voller neuer Rezepturen mit und war gespannt auf ihre Rückmeldung. Allerdings warnte ich bei jedem verschenkten Smoothie: „Du, der ist von heute Morgen. Gleich nach dem Mixen schmeckt der noch um Einiges besser. Bitte berücksichtige das!" – Wenn sie den „alten" Smoothie dann trotzdem mochten, wusste ich, der „frische" musste fantastisch sein.

Mit einem Superfood-Smoothie, der mehr als ein paar Stunden gestanden hat, können Sie verschiedene Probleme bekommen:

Farbe: Das Zerkleinern der Zutaten beim Mixen imitiert sozusagen den Beginn unseres Verdauungsvorgangs, ganz wie das Kauen – was wiederum dazu führt, dass sich gemixte oder pürierte Speisen schneller zersetzen. Daher werden Sie zwischen einem frischen Smoothie und einem, der nur ein paar Stunden alt ist, schnell eine Veränderung der Farbe beobachten. Das ist ein Zeichen dafür, dass die Antioxidantien, nun ja, oxidieren. Dass, mit anderen Worten, Qualität verlorengeht.

Geschmack: Der Geschmack kann sich aus mehreren Gründen drastisch verändern. Einer davon hat damit zu tun, dass Smoothies oft mit Eis als Grundsubstanz gemacht werden. Schmilzt das Eis, verwässert es den Gesamtgeschmack, und Aromen, die zuvor durch andere Zutaten getarnt waren, treten verstärkt hervor. Ein frisch-frostiger grüner Smoothie zeigt im Vergleich zu einem, der schon einen Tag herumsteht, leider beispielhaft, wie dramatisch der Geschmacksverlust ausfallen kann.

Textur: Das vielleicht größte Problem beim Versuch, Superfood-Smoothies haltbar zu machen, sind die Veränderungen in der Textur. Wenn frostige oder tiefgekühlte Zutaten schmelzen – was auch passiert, wenn sie im Kühschrank gelagert werden – kann sich das Ganze von einem makellos eiskalten Wunder-Mix in eine schale, dicke Matsche verwandeln, die vielleicht immer noch gut schmecken mag. Oder auch nicht. Bei allen Smoothies, zu deren Herstellung getrocknete Früchte, etwa getrocknete Gojibeeren oder getrocknete Maulbeeren, verwendet werden, passiert das Gegenteil: Ein angenehm flüssiges Getränk verwandelt sich in etwas, das fast so dick wie Gelee ist. Auch Smoothies, in denen Chia- und Leinsamen verarbeitet sind, dicken enorm ein, weil diese Superfood-Samen eine unglaubliche Menge Wasser absorbieren und innerhalb von 10 bis 30 Minuten regelrecht „aufgehen". Superfood-Smoothies, die diese Zutaten enthalten, neigen dazu, sich in eine bedauernswerte Mischung zu verwandeln, wenn man sie auch nur ein paar Stunden stehen lässt.

SMOOTHIES AUFBEWAHREN

Einen Superfood-Smoothie zu verschwenden, wäre eine unverzeihliche Sünde. Was also machen wir mit einem Smoothie, der nicht sofort konsumiert werden kann? Die gute Nachricht ist die, dass einige Smoothies, besonders die cremigeren, die weniger Früchte enthalten, manchmal durchaus ein paar Tage im Kühlschrank stehen können, selbst wenn sie dann in punkto Nährwert nicht mehr top sind. Um Smoothies aufzubewahren, die viel frisches Obst, Trockenfrüchte oder Lein- und/oder Chia-Samen enthalten, gehe ich nach folgenden allgemeinen Richtlinien vor:

0 – 4 Stunden, Kühlungsstadium: Geben Sie den Smoothie direkt aus dem Mixer in ein Einmachglas. Einmachgläser sind aus verschiedenen Gründen meine bevorzugten Transport- und Aufbewahrungsbehälter für Smoothies. Sie sind aus Glas (keine Giftstoffe und kein schlechter Plastikgeschmack, worüber man sich Gedanken machen müsste), sie sind preiswert, es gibt sie in den unterschiedlichsten Größen, und sie schließen extradicht. Sobald der Smoothie in Ihrem Einmachglas ist, stellen Sie es sofort in den Kühlschrank. Wenn Sie vorhaben, den Smoothie innerhalb der nächsten halben Stunde zu genießen, können Sie das Glas auch eine Weile im Kühlfach oder im Gefrierschrank aufbewahren, um seine Textur besser zu bewahren. Vergessen Sie dann nicht, das Glas gut zu schütteln, bevor Sie den Smoothie trinken. Die Inhaltsstoffe setzen sich am Boden ab. Die meisten Smoothies überstehen eine Stunde im Kühlschrank ziemlich problemlos, und selbst ein paar Stunden halten die meisten durch, ohne sich allzu drastisch zu verändern.

4 – 8 Stunden, Auffrischungsstadium: Für viele Superfood-Smoothies beginnt nun die launische Phase. Etwa jeder dritte von ihnen ist in diesem Stadium noch absolut in Ordnung, ein weiteres Drittel fällt in die Kategorie „nicht mehr ganz so gut", und der Rest hat sich in etwas überaus Seltsames verwandelt. Zum Glück besteht noch Hoffnung für die Smoothies, die es nötig haben. Lediglich die Rezeptur muss ein wenig angepasst werden – ich nenne das „Smoothie-Auffrischung". Das Ganze funktioniert sogar ohne Mixer. Geben Sie einfach eine Extraportion Saft (Apfelsaft funktioniert fast immer), Kokoswasser, pflanzliche Milch oder Wasser mit Stevia (wenn die Süße gelitten hat) direkt in Ihr mit Smoothie gefülltes Einmachglas. Auch ein paar Eiswürfel tun's, wenn gerade welche greifbar sind. Dann schütteln Sie alles gut durch. Voilà: Auch wenn er vielleicht nicht ganz so fantastisch schmeckt wie frisch aus dem Mixer, immerhin ist es ein aufgefrischter Smoothie.

Mehr als 8 Stunden, Tiefkühlstadium: Sicher, es gibt Smoothies, die sich zwei oder sogar drei Tage im Kühlschrank halten. Aber für andere, speziell für Smoothies von der grünen Sorte, die Lein- oder Hanfsamen enthalten (und bitter werden können, wenn man sie zu lange stehen lässt), ist alles, was über acht Stunden hinausgeht, einfach keine Option. Wenn ein Superfood-Smoothie nicht kurzfristig verzehrt werden kann, gießen Sie ihn direkt in einen Eiswürfelbehälter und bedecken das Ganze mit Frischhaltefolie (oder verwenden einen Behälter mit Deckel). Und ab damit ins Gefrierfach! Wenn Sie dann so weit sind, werfen Sie die Smoothie-Würfel einfach aus dem Behälter in den Mixer und geben etwas Flüssigkeit Ihrer Wahl dazu. Der Geschmack wird etwas anders sein als zuvor, aber der Smoothie wird Ihnen immer noch gut tun. (Übrigens: Diese Technik ermöglicht große Zeitersparnis für künftiges Smoothie-Mixen.)

Ebenfalls köstlich: Gießen Sie Smoothie-Überschüsse in Eiswürfelformen – für später, als extra-gesunden Leckerbissen.

TEIL DREI

EXTRAS

MILCH AUS NÜSSEN & SAATEN HERSTELLEN

Hausgemachte Nuss- und Saatenmilch könnte nicht einfacher … und nicht gesünder herzustellen sein. Einfach mit etwas Wasser durch den Mixer geschickt, verwandeln sich viele Arten von Nüssen und Saaten in ein köstlich cremiges Getränk, das genau wie Milch verwendet werden kann, dabei aber wunderbare geschmackliche Finessen bietet. Supermärkte und Bioläden bieten eine zunehmend größere Auswahl an Nussmilchsorten an, aber sie selbst zu machen, hat klare Vorteile: ein frischeres, preiswerteres Produkt mit einwandfreien Zutaten (keine Konservierungsstoffe nötig). Nussmilch, die clevere Zutat für natürliche Rezepturen, hält sich im Kühlschrank etwa eine Woche.

NÜSSE/SAATEN*	MENGE	WASSER**	EINWEICHZEIT
Mandeln	¼ Tasse	1¼ Tassen	6+ Stunden
Cashew-Nüsse	¼ Tasse	1¼ Tassen	2+ Stunden
Haselnüsse	¼ Tasse	1¼ Tassen	6+ Stunden
Hanfsamen	¼ Tasse	1¼ Tassen	1+ Stunden
Macadamianüsse	¼ Tasse	1½ Tassen	4+ Stunden
Sesamkörner	¼ Tasse	1 Tasse	1+ Stunden
Sonnenblumenkerne	⅓ Tasse	1½ Tassen	2+ Stunden

*Verwenden Sie wegen des besseren Geschmacks und aus gesundheitlichen Gründen rohe Nüsse/Saaten.
**Wasser zum Mixen (nicht zum Einweichen)

METHODE EINS (LANGSAME METHODE, BESTES ERGEBNIS)

Weichen Sie die Nüsse oder Saaten in viel Wasser ein und spülen Sie sie anschließend ab (die Wassermenge spielt keine Rolle, solange das Wasser die Nüsse/Saaten ganz bedeckt). Das vorherige Einweichen macht das anschließende Mixen einfacher und lässt die Milch geschmeidiger werden. Verarbeiten Sie die eingeweichten Zutaten und die entsprechende Menge Wasser (siehe Tabelle) im Mixer zu einer homogenen Creme. Je nach Leistungsfähigkeit Ihres Mixers dauert das von 20 Sekunden bis zu mehreren Minuten. Verwenden Sie ein feines Sieb oder ein Käsetuch (oder einen Nussmilchbeutel, wenn Sie einen haben), um größere Partikel auszufiltern.

METHODE ZWEI (SCHNELLE METHODE, DÜNNFLÜSSIGERES ERGEBNIS)

Lassen Sie das Einweichen ganz aus, und mixen Sie die rohen Nüsse oder Saaten zusammen mit dem Wasser. Kommt es Ihnen auf eine möglichst homogene Milch an, filtern Sie sie vor Gebrauch durch ein Sieb, ein Käsetuch oder einen Nussmilchbeutel.

NUSSMILCH-VARIATIONEN

Cremes: Reduzieren Sie das Wasser um die Hälfte. Umgekehrt nehmen Sie mehr Wasser für „entrahmte" Milch.
Süße Milch: Mixen Sie eine oder zwei Datteln (ohne Kern) oder ein wenig Stevia ein.
Milch mit Geschmack: Fügen Sie Gewürze wie Zimt, Pulver wie Kakao oder Extrakte wie Vanille zu.

SUPERFOOD-ERSATZMÖGLICHKEITEN

Das passiert den Besten von uns: Zutaten sind aus, eine bestimmte Zutat ist nicht zu haben, oder es scheint einfach zu viel Aufwand, extra zum Laden zu gehen. Zum Glück können viele (wenn auch nicht alle) natürlichen Zutaten leicht ersetzt werden. Die Resultate sind von Rezept zu Rezept unterschiedlich, aber in vielen Fällen erfüllen diese schnellen Ersatzzutaten ihren Zweck. Bitte beachten Sie, dass es sich bei manchen Esatzzutaten nicht um Superfoods handelt.

SUPERFOOD		ERSATZ
Acaipulver	=	Maquipulver
Kakaopulver, roh	=	Kakaopulver, geröstet
Camupulver	=	ersatzlos weglassen
Chlorella-/Spirulina-Algen	=	Weizengraspulver*
Datteln	=	Rosinen
Leinsamen/-pulver	=	Chiasamen/-pulver
Hanfsamen	=	Sonnenblumenkerne
Grünkohl	=	Mangold
Maulbeeren (getrocknet)	=	Rosinen
Granatapfelsaft	=	Cranberrysaft
Himbeeren	=	Brombeeren
Erdbeeren	=	Heidelbeeren
Brunnenkresse	=	Rucola
Beeren, frische	=	frische Steinfrüchte (Kirsche, Mirabelle, Pflaume, Sauerkirsche, Aprikose …)
Brunnenkresse	=	Rauke/Rucola/Postelein
Cacao (rohes Kakaopulver)	=	Cocoa (geröstetes Kakaopulver) oder Carob
Erdbeeren	=	Blaubeeren/gefrorene Früchte
Datteln	=	Rosinen/getrocknete Aprikosen (ungeschwefelt)
Gojibeere	=	Preiselbeere, Himbeere, Berberitze/Sauerdorn (getrocknet)
Kakao	=	Carob (Kakao-Ersatz für Allergiker = Johannisbrotkernmehl)
Maquibeeren	=	Blaubeeren, Felsenbirnbeeren, Aroniabeeren
Maulbeeren (getrocknet)	=	Rosinen/getrocknete Aprikosen (ungeschwefelt)

*Ein gutes gemischtes grünes Pulver geht auch.

UMRECHNUNGSTABELLEN

FESTE ZUTATEN (Gewicht üblicher Zutaten in Gramm)

ZUTAT	1 TASSE	¾ TASSE	⅔ TASSE	½ TASSE	⅓ TASSE	¼ TASSE	2 EL
Chiasamen	163 g	122 g	109 g	82 g	54 g	41 g	20 g
Obst und Gemüse, fein geschnitten	150 g	113 g	100 g	75 g	50 g	38 g	19 g
Datteln, fein geschnitten	152 g	114 g	101 g	76 g	51 g	38 g	19 g
Gojibeeren	111 g	83 g	74 g	56 g	37 g	28 g	14 g
Nüsse, gehackt	150 g	113 g	100 g	75 g	50 g	38 g	19 g
Nüsse, gemahlen	120 g	90 g	80 g	60 g	40 g	30 g	15 g

Hinweis: Feste Zutaten, die in amerikanischen Rezepten in Volumenmaßen (Tassen) angegeben werden (wenn es sich um mehr als etwa 2 Esslöffel oder 1 Flüssigunze handelt), können mit der obigen Tabelle in Gewicht umgerechnet werden. Wenn Sie das Gewicht einer Zutat ermitteln müssen, die in der Tabelle nicht angegeben ist, messen Sie sie am besten mit einer traditionellen Messtasse ab und wiegen das Resultat dann auf einer metrischen Küchenwaage. Im Notfall können Sie sich an die Volumen-Umrechnungstabelle unten halten.

VOLUMEN-UMRECHUNG (für Flüssigkeiten)

AMERIKANISCHE MENGE	METRISCHES ÄQUIVALENT
1 Teelöffel	5 ml
1 Esslöffel oder ½ flüssig Unze	15 ml
¼ Tasse oder 2 flüssige Unzen	60 ml
⅓ Tasse	80 ml
½ Tasse oder 4 flüssige Unzen	120 ml
⅔ Tasse	160 ml
1 Tasse oder 8 flüssige Unzen	240 ml
1½ Tassen oder 12 flüssige Unzen	360 ml
2 Tassen oder 16 flüssige Unzen	480 ml
3 Tassen	720 ml

BEZUGSQUELLEN FÜR DEUTSCHLAND, ÖSTERREICH UND SCHWEIZ

ZUTATEN

Ein kurzer Anruf bei Ihrem nächsten Naturkostladen kann die Frage beantworten, ob das Produkt, nach dem Sie suchen, in Ihrer Nähe erhältlich ist. Einige Läden werden auch gern eine Sonderbestellung aufgeben; weitere Möglichkeiten sind Asia-, Bio- und Drogeriemärkte sowie Reformhäuser, Bauern- (Wochen-) Märkte, türkische und arabische Läden, gut sortierte Supermärkte etc.

www.bioverzeichnis.de/biolaeden.htm
www.biologisch.at
www.schrotundkorn.de
www.reformhaus.de/filialfinder.html
de.wikipedia.org/wiki/Biosupermarkt
www.biodukte.de
www.bionetz.ch

superfoodsmoothies.de: umfassendes Angebot an Superfoods mit vielen Informationen
authenticnutrients.de/supplements: Yacónstreifen, getrocknet, Acai-, Camu-, Gojibeeren, Lucuma, Maca u.v.m.
biosamara.ch: Kokoszucker, Carobpulver, Kokosöl, rohes Kakaopulver, Kakaobohnensplitter, Kakaobutter, natürliche Süße u.v.m.
GovindaNatur.de: umfassendes Angebot
hanfmilch.at: Hanfmilch und andere Zutaten
hanf-natur.com: Hanfprodukte und weitere Superfoods
iherb.com: alle von Julie Morris empfohlenen Produkte (Navitas Naturals)
inkanatural.com/de: Maca-, Acai-, Steviapulver u.m.
keimling.de: Küchengeräte, viele Superfoods, Gräser, Rohkost u.a.
medizinfuchs.de: getrocknete Cranberrys, Gojibeeren u. a.
myprotein.com: Spirulina, Chlorella, Weizengras, Gerstengras und mehr in Pulverform

naturpaket.de: Chlorella- und Spirulina-Tabletten, Kokos(blüten)zucker
raw-living.de: Superfoods, Algen, Sprossen, Rohkakao u.v.m.
reformhausshop24.de: Kokosöl, Trockenfrüchte, Nuss- und Mandelmilch, Getreide, Mehle, verschiedene Saaten/ Samen u.v.m.
reformhaus-shop.de: Hanfsamen, Kokosöl, Cranberrys, Gojibeeren, Mandelmus, Mandelmilch, Acaipulver und -saft, Chiasamen, Chlorella-Tabletten, verschiedene Säfte
rohschoko.de: alles rund um rohe Schokolade und Kakao, aber auch Maca-, Lucuma-, Vanillepulver, Kokosmus und -zucker
schafschoki.de/shop: Stevia, Mandelmilch, Weizengraspulver und weiteres
stevia-pura.de: alle möglichen Stevia-Produkte
topfruits.de: Algen, Säfte und Beeren, Keimsaaten, Nüsse, Trockenfrüchte (Datteln, Maulbeeren, Feigen usw.)
veganactive.de: u. a. gekeimter Leinsamen als Pulver
veganz.de: umfassendes Angebot
vitanatura.de: Weizen-, Gerstengraspulver, Acaipulver, Trockenfrüchte und mehr
zentrum-der-gesundheit.de/online-shop.html: Superfoods, Küchengeräte und mehr

KÜCHENGERÄTE (AUSWAHL)

CUISINEART: Mixer mittlerer Güteklasse
Internet: Cuisineart.com
GLASS DHARMA: wiederverwendbare Glastrinkhalme
Internet: Glassdharma.com
VITAMIX: Hochgeschwindigkeitsmixer
Internet: Vitamix.com sowie keimling.de

Die Angaben auf dieser Seite wurden vom Verlag für die deutschsprachige Ausgabe zusammengestellt. Diese Auswahl versteht sich als Hinweis ohne Haftung oder Gewähr für die Inhalte der Links. – Aktuelle Infos auch unter www.superfood-kueche.de

VERWENDETE LITERATUR

Ad Hoc Panel of the Advisory Committee on Technology Innovation, Board on Science and Technology for International Development, National Research Council. *Lost Crops of the Incas: Little-Known Plants of the Andes with Promise for Worldwide Cultivation.* Washington D.C.: The National Academies Press, 1989.

Bartimeus, Paula, Charolette Haigh, Sarah Merson, Sarah Owen, and Janet Wright. *Natural Wonderfoods.* London, UK: Duncan Baird Publishers, 2011.

Basu A, Penugonda K. "Pomegranate Juice: A Heart-Healthy Fruit Juice." Department of Nutritional Sciences, Jan. 2009. http://www.ncbi.nlm.nih.gov/pubmed/19146506.

Best, Ben. "Phytochemicals as Nutraceuticals." *Science News.*http://www.benbest.com/nutrceut/phytochemicals.html#anthocyanins.

Bittman, Mark. *Leafy Greens.* New York, NY: Macmillan, 1995.

Clum, Dr. Lauren, and Dr. Mariza Snyder. *The Antioxidant Counter.* Berkley, CA: Ulysses Press, 2011.

Coates, Wayne, PhD. Chia: *The Complete Guide to the Ultimate Superfood.* New York, NY: Sterling, 2012.

Ley, Beth M., Ph.D. *Maca: Adaptogen and Hormonal Regulator.* Detroit Lakes, MN: BL Publications, 2003.

McGee, Harold. *On Food and Cooking: The Science and Lore of the Kitchen.* New York, NY: Scribner, 2004.

Raloff, Janet. "Chocolate as Sunscreen." *Science News.* http://www.sciencenews.org/view/generic/id/7437/title/Food_for_Thought__Chocolate_as_Sunscreen.

Raloff, Janet. "Prescription Strength Chocolate, Revisited." *Science News.* http://www.sciencenews.org/view/generic/id/7075/title/Prescription_Strength_Chocolate%2C_Revisited.

"Vitamin C and Skin Health." Linus Pauling Institutue at Oregon State University. http://lpi.oregonstate.edu/infocenter/skin/vitaminC/index.html.

Wolfe, David. *Superfoods: The Food and Medicine of the Future.* Berkley, CA: North Atalantic Books, 2009.

DANK

Jeder kann einen Smoothie machen, aber man braucht ein ganzes Dorf, um ein Buch über Smoothies zu machen. In aller Bescheidenheit würdige ich den unschätzbaren Einfluss folgender Personen, die ihre Kraft großzügig in dieses Projekt investiert haben:

Zuerst und vor allem danke ich Brendan für die nie endende Unterstützung und Liebe, die er mir gegeben hat, und dafür, dass er immer und immer wieder derart begeistert Smoothies mit mir probiert hat. Und danke, Brendan, dafür, dass du deine Geschichte im Vorwort mit uns geteilt hast. Sie hat bereits viele inspiriert und wird das auch weiterhin tun.

Danke an meine Familie, Mama, Papa und Nama, für eure Kaskaden von ernst gemeinten Ermutigungen: „Du kannst es schaffen". Ich habe jede einzelne davon gebraucht.

Ein ganz großes Dankeschön an alle bei Sterling für die hervorragende Behandlung, die sie diesem Buch haben angedeihen lassen: Sasha Tropp für die sachkundige Betreuung und die schöne sprachliche Überarbeitung, Jennifer Williams für das enthusiastische Korrektorat, Christine Heun für das großartige Design und Layout, Elizabeth Mihaltse für das geniale Cover und Kim Marini dafür, dass sie dieses Projekt auf seinem ganzen Weg begleitet hat.

Danke an Marilyn Allen, die dies alles zur Reife gebracht hat.

Vielen Dank an Carolyn Pulvino und Judy Alexander, die ihr ganzes künstlerisches Feingefühl ins Spiel brachten, um die besten Symbole für Smoothie-Qualitäten aller Zeiten zu entwerfen.

Ein riesiges Dankeschön an den talentierten Oliver Barth für die magischen Fotos, die die Energie und Leidenschaft eines naturnahen Lebensstils perfekt einfangen.

Ganz herzlichen Dank an meinen wunderbaren Freundeskreis, der mich mit „Smoothie Talk" bei Laune gehalten und mir wertvolles Feedback zu meinen Rezepten gegeben hat.

Schließlich danke ich dem gesamten Team von Navitas Naturals für ihre Unterstützung, nicht nur in Form ihrer unglaublichen Superfood-Produkte, sondern auch durch die Möglichkeit, mit einer Firma zu arbeiten, deren Mitarbeiter und Produkte ich gleichermaßen in so hohem Maße schätze.

Love you guys,
Julie

SMOOTHIES UND IHRE NUTZEN

Geschmack mag die Sprache der Smoothies sein, aber erst ihre nachhaltige Wirkung erzählt die ganze Geschichte. Nutzen Sie dieses Verzeichnis, um schnell die Smoothies zu finden, die Ihren Bedürfnissen am ehesten entsprechen.

✳

SCHÖNHEIT

Diese Smoothies enthalten Zutaten mit bemerkenswerten Mengen an „Schönheits-Nährstoffen" wie Vitamin C (wichtig für die Kollagensynthese und ein Entzündungshemmer), essentielle Fettsäuren und Anthocyane/Antioxidantien zum Schutz der Haut.

Acai	195	Grüne Proteine	114	Maulbeer-Pflaume	89
Acai (mit Roter Bete)	162	Grüntee-Birne	110	Maya-Schokolade	132
Acai-Kürbis	72	Gurke-Minze	103	Minze-Chip	113
Acai-Mandel	175	Heidelbeer-Goji	81	Orange-Goji	73
Ananas-Brunnenkresse	109	Heidelbeer-Maqui	130	Plätzchenteig	141
Apfel-Rucola	104	Himbeer-Ananas	167	Rosmarin-Orange	121
Banane-Beere	184	Himbeer-Mandel	144	Roter Samtkuchen	165
Banane-Fenchel	127	Honigmelone-Maqui	69	Sanddorn-Feige	90
Banane-Hafer	137	Ingwer-Birne	100	Sanddorn-Karotte	77
Banane-Muskat	172	Kakao-Mokka	157	Sanddorn-Mango	138
Beerenmischung	183	Kakao-Sahne	156	Saure Limette	179
Brombeer-Vanille	154	Kokos-Goji	85	Schokolade	181
Cantaloupe-Pfirsich	91	Kokosnuss	188	Schokolade (mit Blumenkohl)	170
Chai	191	Kürbis-Pastete	133	Schokolade-Grünkohl	111
Cremige Karotte	136	Lucuma-Kokos	174	Schokolade-Haselnuss	153
Cremige Orange	146	Lucuma-Limette	107	Schokolade-Minze	186
Erdbeere	180	Lucuma-Macadamia	129	Süße Mandel	108
Erdbeer-Gurke	94	Mango-Chili	97	Tahin-Maulbeere	151
Erdbeer-Kombucha	80	Mango-Ingwer	194	Tropical	192
Früchtepunsch	189	Mango-Kokos	106	Vanille-Mandel	197
Geröstete Kokosnuss &		Maqui-Banane	149	Wassermelone-Acai	74
Macadamia	159	Maqui-Pfirsich	75	Wassermelone-Gurke	125
Granatapfel-Kirsche	182	Maqui-Traube	173	Zitrone-Limette	116
Grapefruit-Granatapfel	92	Maulbeer-Lavendel	152	Zitrus-Aloe	126

KNOCHENSTÄRKEND

Genießen Sie diese Smoothies mit ihren kalziumreichen Superfoods!

Acai	195	Ingwer-Birne	100	Schokolade-Haselnuss	153
Apfel (mit Brokkoli)	176	Kakao-Sahne	156	Sesam-Apfel	118
Banane-Hafer	137	Karamellisierte Banane	142	Sesam-Hanf	185S
Chai	191	Karotte-Kardamom	95	Süße Mandel	108
Erdbeere	180	Kirsch-Vanille	166	Tahin-Maulbeere	151
Erdbeer-Kamille	70	Mango-Ingwer	194	Tropical	192
Grüne Proteine	114	Mango-Kokos	106	Vanille-Mandel	197
Grüntee-Birne	110	Maulbeer-Lavendel	152	Wassermelone-Acai	74
Grüntee-Goji	145	Rosmarin-Orange	121	Wassermelone-Gurke	125
Gurke-Minze	103	Roter Samtkuchen	165	Zitrone-Limette	116
Heidelbeer-Goji	81	Sanddorn-Feige	90		
Himbeer-Pfirsich	82	Schokolade-Grünkohl	111		

REINIGUNG/ENTGIFTUNG

Diese Smoothies sind besonders effektiv beim Ausschwemmen von Toxinen; außerdem steigern sie die Alkalität des Körpers.

Acai	195	Grüne Proteine	114	Schokolade-Grünkohl	111
Ananas-Brunnenkresse	109	Grüntee-Birne	110	Schokolade-Minze	186
Apfel (mit Brokkoli)	176	Gurke-Minze	103	Sesam-Apfel	118
Apfel-Rucola	104	Himbeer-Jalapeño	124	Sesam-Hanf	185
Banane-Fenchel	127	Ingwer-Birne	100	Süße Erbse	119
Banane-Romana	99	Kirsch-Vanille	166	Süße Mandel	108
Chai	191	Lucuma-Limette	107	Wassermelone-Gurke	125
Erdbeer-Gurke	94	Mango-Kokos	106	Zitrone-Limette	116
Erdbeer-Kamille	70	Minze-Chip	113	Zitrus-Aloe	126
Erdbeer-Kombucha	80	Rosmarin-Orange	121		
Früchtepunsch	189	Saure Limette	179		

HERZGESUNDHEIT

Diese Smoothies sind mit Superfoods gemacht, die die kardiovaskuläre Gesundheit fördern, wie klinische Studien beweisen.

Acai	195	Himbeer-Mandel	144	Minze-Chip	113
Acai (mit Roter Bete)	162	Himbeer-Pfirsich	82	Pfirsich & Sahne	87
Acai-Mandel	175	Honigmelone-Maqui	69	Pistazie-Kirsche	134
Apfel-Rucola	104	Kakao-Mokka	157	Plätzchenteig	141
Banane-Beere	184	Kakao-Sahne	156	Rhabarber-Minze	86
Banane-Muskat	172	Karamellisierte Banane	142	Roter Samtkuchen	165
Beerenmischung	183	Karotte-Kardamom	95	Sanddorn-Mango	138
Brombeer-Vanille	154	Kokosnuss	188	Saure Limette	179
Chai	191	Kokos-Goji	85	Schokolade	181
Cranberry-Orange	84	Kokos Pep	161	Schokolade (mit Blumenkohl)	170
Cremige Karotte	136	Kürbis-Pastete	133	Schokolade-Grünkohl	111
Cremige Orange	146	Lucuma-Kokos	174	Schokolade-Haselnuss	153
Erdbeere	180	Lucuma-Macadamia	129	Schokolade-Minze	186
Erdbeer-Kombucha	80	Maca-Hafer	150	Süße Mandel	108
Früchtepunsch	189	Mango-Chili	97	Tahin-Maulbeere	151
Granatapfel-Kirsche	182	Mango-Kokos	106	Tropical	192
Granatapfel-Orange	79	Mango-Ingwer	194	Vanille-Mandel	197
Grapefruit-Granatapfel	92	Maqui-Banane	149	Wassermelone-Acai	74
Grüntee-Birne	110	Maqui-Traube	173	Wassermelone-Gurke	125
Grüntee-Goji	145	Maulbeer-Lavendel	152		
Heidelbeer-Maqui	130	Maulbeer-Pflaume	89		
Himbeer-Ananas	167	Maya-Schokolade	132		

IMMUNSTÄRKEND

In diesen Smoothies stecken Nährstoffe mit großartigen Qualitäten zur Krankheitsbekämpfung– etwa Vitamin C und Zink – und/oder sie enthalten Superfoods, die für ihre antiviralen, antibakteriellen oder antimykotischen Aktivitäten bekannt sind.

Ananas-Brunnenkresse	109	Grapefruit-Granatapfel	92	Rhabarber-Minze	86
Ananas-Maca	139	Grüntee-Goji	145	Rosmarin-Orange	121
Ananas-Papaya	78	Heidelbeer-Goji	81	Sanddorn-Karotte	77
Apfel (mit Brokkoli)	176	Himbeer-Ananas	167	Sanddorn-Feige	90
Banane-Beere	184	Karotte-Kardamom	95	Sanddorn-Mango	138
Beerenmischung	183	Kokos-Goji	85	Saure Limette	179
Cantaloupe-Pfirsich	91	Mango-Chili	97	Schokolade-Minze	186
Cranberry-Orange	84	Mango-Ingwer	194	Süße Erbse	119
Cremige Orange	146	Maqui-Pfirsich	75	Tropical	192
Erdbeere	180	Orange-Goji	73	Vanille-Mandel	197
Erdbeer-Basilikum	169	Pfirsich & Sahne	87	Zitrone-Limette	116
Granatapfel-Orange	79	Pistazie-Kirsche	134		

KALORIENARM

Diese Smoothies haben nur etwa 225 Kalorien – oder weniger! – pro Portion.

Acai (mit Roter Bete)	162	Granatapfel-Orange	79	Maqui-Pfirsich	75
Acai-Kürbis	72	Grapefruit-Granatapfel	92	Maulbeer-Pflaume	89
Apfel (mit Brokkoli)	176	Grüntee-Goji	145	Pistazie-Kirsche	134
Apfel-Rucola	104	Grüntee-Birne	110	Roter Samtkuchen	165
Banane-Romana	99	Gurke-Minze	103	Süße Mandel	108
Cantaloupe-Pfirsich	91	Heidelbeer-Goji	81	Wassermelone-Acai	74
Erdbeer-Gurke	94	Heidelbeer-Maqui	130	Wassermelone-Gurke	125
Erdbeer-Kamille	70	Honigmelone-Maqui	69	Zitrone-Limette	116
Erdbeer-Kombucha	80	Maca-Hafer	150	Zitrus-Aloe	126

EIWEISS

Smoothies mit zehn Gramm oder mehr Eiweiß pro Portion.

Banane-Hafer	137	Grüne Proteine	114	Sesam-Hanf	185
Cremige Karotte	136	Rhabarber-Minze	86	Süße Erbse	119
Cremige Orange	146	Schokolade	181	Vanille-Mandel	197

SUPERFOOD
KÜCHE

MEHR VON JULIE MORRIS

Das Buch der
SUPERFOOD-SMOOTHIES
100 Rezepte für leckere Powerdrinks

Deutsche Erstausgabe.
Schöne Ausstattung, durchgängig farbig,
viele Abbildungen, mit Schutzumschlag
und Lesebändchen.
ISBN 978-3-86826-130-1

Alles über köstliche und gesunde
Smoothies. Tolle Rezepte, Tricks und
Tipps von und mit Julie Morris.
Das fantastische Smoothie-Buch.

DIE SUPERFOOD-KÜCHE
Das Beste aus der Natur
für Ihre Küche

Deutsche Erstausgabe.
Schöne Ausstattung, Großformat, durch-
gängig farbig, viele Abbildungen, mit
Schutzumschlag und Lesebändchen.
ISBN 978-3-86826-129-5

Alles Wissenswerte für die Superfood-Küche. Coole Rezepte für
alle Anlässe und Tageszeiten.
Das erfolgreiche Allround-Buch.

SUPERFOOD-SÄFTE
100 Rezepte für leckere
Powersäfte

Deutsche Erstausgabe.
Schöne Ausstattung, durchgängig farbig,
viele Abbildungen, mit Schutzumschlag
und Lesebändchen.
ISBN 978-3-86826-135-6

Genussvolle, lustvolle „Saftkraft"
zur Reinigung und Entgiftung,
für Schönheit, Anti-Aging,
Erholung und vieles Gutes mehr.

KÖNIGSFURT-URANIA

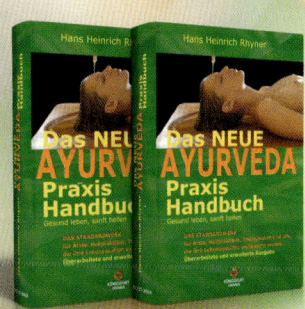

Wohlfühl-Karten
Das Leben spüren ...

Mit tollen Übungen und Rezepten

36 x Entspannung

36 Smoothies für die Seele

36 Vegane Power-Rezepte

36 Superfoods

36 Mittel gegen Erkältung

36 x Natürlich schön

www.koenigsfurt-urania.com